coleção primeiros passos ㉔

Gérard Lebrun

O QUE É PODER

Tradução:
Renato Janine Ribeiro
Silvia Lara

14ª edição, 1995

São Paulo
editora brasiliense

Copyright © by Gérard Lebrun
Nenhuma parte desta publicação pode ser gravada, armazenada em sistemas eletrônicos, fotocopiada, reproduzida por meios mecânicos ou outros quaisquer sem autorização prévia da editora.

Primeira edição, 1981
14ª edição, 1995
9ª reimpressão, 2013

Diretora Editorial: *Maria Teresa B. de Lima*
Editor: *Max Welcman*
Produção Gráfica: *Adriana F. B. Zerbinati*
Diagramação: *Adriana F. B. Zerbinati*
Revisão: *José E. Andrade*
Foto de capa: *Emílio Damiani*
Capa: *Mario Camerini*

Dados Internacionais de catalogação na Publicação(CIP)
(Câmara Brasileira do Livro, SP, Brasil)

Lebrun, Gérard 1930-1999
  O que é poder / Gérard Lebrun -- São Paulo :
Brasiliense, 2013. -- (Coleção Primeiros Passos ; 24)

9ª reimpressão da 14ª. ed. de 1995.
ISBN 978-85-11-01024-4

1. O Estado 2. Poder (Ciências sociais)
3. Política - Filosofia I. Título II. Série.

04-0145

CDD - 320.01

Índices para catálogo sistemático :
1. Filosofia Política   320.01
2. Poder: Teoria: Ciência política   230.01

editora brasiliense ltda.
Rua Antônio de Barros, 1839 – Tatuapé
Cep 03401-001 – São Paulo – SP
www.editorabrasiliense.com.br

SUMÁRIO

I - Introdução 7

II - Apresentação do monstro 10

III - O Leviatá contra a cidade grega 28

IV - O "Leviatá" e o estado burguês................ 54

V - A comédia liberal 74

VI - O último chefe.. 95

Indicações para leitura..................................... 121

Sobre o autor 125

INTRODUÇÃO

As páginas que seguem não pretendem, de modo algum, constituir uma apresentação exaustiva do conceito de *poder* na filosofia política. Se fosse este o caso, eu deveria limitar-me a expor um histórico da questão (detendo-me, por exemplo, nos pensadores medievais, cuja importância foi considerável). Mas, nas dimensões deste livro, um tal histórico, embora sucinto, seria forçosamente superficial. Não sou dos que pensam que o estudante de Filosofia deva percorrer em um ano as "doutrinas", dos Pré-Socráticos a Heidegger. Seria o mesmo que viajar de Boeing para apreciar as paisagens.

O meu desígnio é mais modesto. Partindo de uma palavra de significação tão complexa, tenho apenas a intenção de convidar o leitor a desfazer-se de alguns preconceitos e abandonar algumas "evidências". Não a intenção de fazê-lo amar "o Poder", ou de sussurrar-lhe que este "Poder" não é tão ruim quanto se diz, mas de fazê-lo visitar alguns dos cruzamentos e esquinas em que a palavra *Poder* se revestiu do sentido, a um só tempo vago e maléfico, que possui em nossa fala cotidiana, e isso graças a deslocamentos conceituais por vezes surpreendentes.

As palavras abstratas, disse Nietzsche, são como alforjes, nos quais as épocas e as filosofias teriam acumulado as coisas mais heteróclitas. E assim a palavra acaba tornando-se um tal entrecruzamento de "marcas" que embaralha todas as pistas. A função do genealogista é reencontrar estas pistas. E, aqui, apenas tento despertar a curiosidade genealógica.

Vale dizer que está ausente destas páginas a preocupação de agradar, assim como a de desagradar, a qualquer ideologia que seja. Às vezes, é preciso ferir alguma, de passagem; às vezes, é necessário tomar a liberdade de desmentir outra — mas sem intenção polêmica. Apenas para dirimir confusões ou equívocos que era nosso propósito dissipar ou afastar.

"Então, você só pretende falar-nos de uma palavra", dirá talvez o futuro leitor, já decepcionado. "Mas o que nos interessa são as coisas; é delas que queremos ser informados."

Mas, responderia eu, não acreditem que as coisas estejam diante dos seus olhos. Quando se trata de coisas *abstratas* – quando se trata deste "Poder" no qual vocês tomam a liberdade de reunir realidades tão diferentes – vocês têm mesmo certeza de estarem lidando com conteúdos identificáveis e localizados? Com *coisas*?... Estão seguros de não estarem tratando, simplesmente, com depósitos semânticos? É querendo chegar depressa demais às coisas, é desprezando as palavras sem inventariar o seu sentido, que corremos o risco de cometer alguns enganos desagradáveis. Como, neste caso, acreditar que o Poder seja algo muito simples, e por isso seja lícito esperar liquidá-lo algum dia. Desta maneira nasceu, no século XIX, a crença de que o poder conhecia a sua decadência e de que começara a sua agonia.

Se estas páginas são dogmáticas, é apenas porque denunciam esse mito. Compreendo que uns queiram conquistar o poder ou combatê-lo, ou que se resignem a ele, ou o temam, ou o detestem. O que não compreendo é que se possa *subestimar* o poder.

APRESENTAÇÃO DO MONSTRO

Cada uma das duas Superpotências dispõe de um arsenal nuclear capaz de exterminar todos os seres vivos: tem, assim, uma *potência* de destruição total. O Fundo Monetário Internacional, quando vem em ajuda de um país em dificuldades, está em condições de ditar-lhe uma política econômica determinada: tem, portanto, a *potência* de limitar a soberania deste país. A *potência* é a capacidade de efetuar um desempenho determinado, ainda que o ator nunca passe ao ato. Desta maneira tornamos a encontrar a velha distinção, estabelecida por Aristóteles, entre a *potência* (*dunamis*) e o *ato*, ou melhor, o *efetivo* (*ergon*).

Ou, mais exatamente, reencontramos *um dos sentidos* dessa distinção. Pois, constata Aristóteles, não é a mesma coisa atribuir-se a uma criança ou a um arquiteto *a potência* de construir uma casa. Num caso, isto quer dizer que, quando a criança tornar-se adulto, poderá ser um arquiteto: quem sabe?, *isto não é impossível*. No outro caso, quer dizer que este arquiteto, atualmente sem trabalho, construirá uma casa, desde que o contratem: é *seu este poder*. Por um lado, "potência" designa uma virtualidade; por outro, uma capacidade determinada, que está em condições de *exercer-se* a qualquer momento. Era este, evidentemente, o sentido da palavra "potência" nos dois exemplos que empreguei acima: as Super-Potências e o FMI dispõem de recursos que podem aplicar a qualquer momento. No domínio das relações políticas, esta potência – não de tornar-se, mas de exercer-se – é a única que pode interessar-nos.

Com efeito, o que é a política? "A atividade social que se propõe a garantir pela força, fundada geralmente no direito, a segurança externa e a concórdia interna de uma unidade política particular ... " (Julien Freund, *Qu'est-ce que la Politique?*, p. 177). Não é dogmaticamente que eu proponho esta definição (outras são possíveis), mas simplesmente para ressaltar que, sem o uso da noção de *força*, a definição seria visivelmente defeituosa. Se, numa democracia, um partido tem peso político, é porque tem *força* para mobilizar um certo número de eleitores. Se um sindicato tem peso político, é porque tem força para deflagrar uma greve. Assim, *força* não significa necessariamente a posse de meios violentos de coerção, mas de meios que me permitam influir no comportamento de outra pessoa. A força não é sempre (ou melhor; é rarissimamente) um revólver apontado para alguém; pode ser o charme de um ser amado, quando me extorque alguma decisão (uma relação amorosa é, antes de mais nada, uma relação de forças; cf. as *Ligações Perigosas*, de Laclos). Em suma, a força é a canalização da potência, é a sua determinação. E é graças a ela que se pode definir a potência na ordem das relações sociais ou, mais especificamente, políticas.

"*Potência* (*Macht*) significa toda oportunidade de impor a sua própria vontade, no interior de uma relação social, até mesmo contra resistências, pouco importando em que repouse tal oportunidade." Não conheço nenhuma definição do poder, enquanto fator sociopolítico, que seja superior a esta fórmula de Max Weber. Mas, então, por que falar em *poder*, e não em *potência*?

E que *poder* inclui um elemento suplementar, que está ausente de *potência*. Existe *poder* quando a *potência*, determinada por uma certa força, se explicita *de uma maneira muito precisa*. Não sob o modo da ameaça, da chantagem etc..., mas sob o modo da *ordem* dirigida a alguém que, presume-se, deve cumpri-la. E o que Max Weber chama de *Herrschaft* – e podemos acompanhar Raymond Aron traduzindo este termo como *dominação*, pois assim conservamos a raiz alemã *Herr* (*Herr* = *dominus* = senhor). A dominação é, segundo Max Weber, "a probabilidade de que uma ordem com um determinado conteúdo específico seja seguida por um dado grupo de pessoas".

"O que é a dominação?" seria um título algo estranho. Melhor será, por uma questão de comodidade, utilizar este conceito weberiano sob o nome de *poder* – desde que o leitor tenha sempre em mente a definição de Weber a que nos referimos.

Raymond Aron observa que o grande sociólogo Talcott Parsons traduz o termo weberiano *Herrschaft* por *imperative control*, o que é bastante contestável. "A noção de *imperative control* obscurece o confronto entre quem comanda e quem obedece, num *sistema de ordem imposto*... Ora, as relações de domínio ou de poder institucionalizado não constituem a totalidade do sistema de comportamento socialmente imposto. Os costumes, leis, preconceitos, crenças, paixões coletivas contribuem também para determinar a ordem social". É muito significativa tal edulcoração do sentido de *Herrschaft*: Parsons recusa-se a considerar o poder como sendo, essencialmente, "uma ação imposta por um ator a um outro ator". Segundo ele, o *political power* é "a aplicação de uma capacidade generalizada, que consiste em obter que os membros da coletividade cumpram obrigações legitimadas em nome de fins coletivos, e que, eventualmente, permite forçar o recalcitrante através de sanções negativas".

Intencionalmente, esta definição minimiza o papel da *coerção* e elimina o caráter dissimétrico, não igualitário, *hierárquico*, em suma, do poder. É que Parsons considera errônea toda compreensão do poder que o reduza a uma situação marcada pela desigualdade e, portanto, pelo menos potencialmente, conflituosa. Segundo ele, ter o poder não é, basicamente, estar em condições de impor a própria vontade contra qualquer resistência. É, antes, dispor de um capital de confiança tal que o grupo delegue aos detentores do poder a realização dos fins coletivos. Em suma, é dispor de uma *autoridade* – no sentido em que um escritor de renome, um pensador ilustre, um velho sábio... *são autoridades* no interior de um grupo dado (sem que esta autoridade implique uma ideia de coerção). Na política a coerção só seria utilizada em casos-limite, e a possibilidade de empregá-la não serviria para definir o *imperative control*.

Parsons, aqui, constitui apenas um exemplo entre tantos outros. Na filosofia política de Hegel também encontraremos esta mesma vontade de *dissolver* o poder (no sentido weberiano). Hegel nunca deixa de insistir na diferença que existe entre o poder de Estado, por um lado, e por outro "a potência pura e simples (*blosze Macht*) e o puro arbítrio (*leere Willkür*)" do despotismo. O déspota é aquele cuja vontade particular e caprichosa vale como lei, enquanto o poder de Estado persegue fins que são os da coletividade. Apenas excepcionalmente, portanto, poderia exercer-se mediante coerção. Assim, pode-se dizer que a crítica de Marx a Hegel anuncia o espírito da crítica dirigida a Parsons pelos weberianos.

O que devemos pensar desta *dissolução* do poder na autoridade? À primeira vista. pode parecer que Parsons descreve adequadamente o exercício do poder nas "democracias ocidentais". O Presidente ou o Primeiro-Ministro, a quem o poder é confiado pelo corpo eleitoral por um período determinado, tem o encargo de cuidar dos negócios da Nação e de zelar pela observância da lei. E ninguém lhe contesta o direito de exercer tal função. Sem dúvida, a oposição pode criticar a escolha de seus objetivos e a maneira por que emprega a sua autoridade: não questiona, porém, uma autoridade cujo princípio ela reconheceu. Em outras palavras, o direito de governar dentro de limites constitucionais, que têm Helmut Schmidt, Giscard ou Mrs. Thatcher, está fundado num *consenso* explícito da nação. Marxistas e libertários dirão que este consenso resulta de uma mistificação, de uma manipulação das massas etc... Ainda que tenham razão, *não é disso que estamos tratando agora*. Observo, apenas: 1º) que este poder explicitamente consensual é uma espécie muito determinada de poder: que eu saiba, ele não existe em todos os países; 2º) que este tipo de poder parece justificar a quase identificação estabelecida por Parsons entre poder e autoridade.

Mas pode-se perguntar se Parsons não confere demasiada importância ao processo ("democrático", no caso) de recrutamento dos que são encarregados de tomar decisões. Sem dúvida, não é nada indiferente que os cidadãos possam ou não escolher os seus governantes (sobretudo numa época em que, se fossem excluídos da ONU todos os países em que os governantes não são eleitos pelo povo, ou não são seriamente eleitos, esta honrada assembleia poderia ver-se quase vazia). Mas façamos abstração do processo de recrutamento político – pelo menos metodologicamente. Quando um cidadão paga os seus impostos, requer um alvará de construção, cumpre o seu serviço militar etc. – em suma, quando se submete a todas as obrigações que lhe são impostas por qualquer poder de Estado, será muito diferente o seu comportamento, conforme viva num regime democrático, autoritário ou totalitário? Não falo, é óbvio, das tiranias: todos me concederão que, havendo escolha, é preferível fraudar o erário inglês, brasileiro ou soviético do que o Tesouro de Idi Amin Dada. Feita esta ressalva, penso que o comportamento do contribuinte – resignado e reclamador ao mesmo tempo – deve ser quase idêntico, em todas as latitudes.

Quando pago a minha parcela do imposto, é certo que não o faço sob a pressão de um medo pânico, mas estou ciente de que um "esquecimento" me acarretaria uma multa, e um "esquecimento" prolongado produziria sérios aborrecimentos (num prazo mais rápido do que se deixasse de pagar o aluguel ao meu locador, mas, em última análise, da mesma ordem). Em suma, quando me submeto às leis e regulamentos editados pelo poder, é sempre porque uma infração significaria a *certeza de uma punição* (para todos, em princípio). Mas, no caso, não será um sofisma reduzir a *submissão* civil à *aceitação da autoridade*? Não sei como Parsons ou os seus discípulos explicariam o que aconteceu em Nova Iorque durante o célebre corte de energia elétrica – mas é fato que a certeza da impunidade mostra logo como é frágil o respeito pela autoridade.

Sem dúvida, nunca se deve desconhecer este último fator, como fazem os libertários (vejam-se as declamações dos "novos filósofos" franceses), que apresentam todo "Poder" como um monstro abominável, perante o qual os súditos, temerosos e trêmulos, sempre dobrariam o joelho. Ora, vamos... a maior parte do tempo, os homens vão vivendo de uma forma ou outra com o poder, resignam-se a ele, *reconhecem-no*... Contudo, será muito *apressado* concluirmos que a coerção não seja essencial para a obediência política. No horizonte desta, sempre está presente, se não o temor, pelo menos a consciência da possível coação – mesmo para aqueles (e são inúmeros) que nunca pensaram sequer em contestar a legitimidade do poder.

Se concordarem com esta tese, vocês deverão aceitar uma segunda, que, muito logicamente, é rejeitada por Talcott Parsons – a saber, que o poder é *mercadoria rara*, que só podemos possuir às *custas* de outra pessoa. Ou ainda: que o poder que possuo é a contrapartida do fato de que alguém não o possui. Tomemos o exemplo mais anódino: um professor pode ser amigo de seus alunos, deixá-los chamarem-no de "você" etc. Ainda assim, detém um poder (de dar-lhes notas) que os alunos *não têm* sobre ele. Isto é o essencial. E é por isso que só se pode compreender uma relação intersubjetiva (em qualquer plano que seja: profissional, comercial, sentimental...) se for possível responder à questão: quem está em posição inferior? Quem em posição superior? Quem é o soldado? Quem é o oficial?

Se X tem poder, é preciso que em algum lugar haja um ou vários Y que sejam desprovidos de tal poder. E o que a sociologia norte-americana chama de teoria do "poder de soma zero": o poder é uma soma fixa, tal que o poder de A implica o não poder de B. Esta tese (ou este pressuposto, quando a tese não é expressamente enunciada), encontra-se em autores tão diferentes ideologicamente como Marx, Nietzsche, Max Weber, Raymond Aron, Wright Mills...

A partir desta base, é evidente que as posições podem divergir. Uns sustentarão que o poder-dominação não é um fenômeno necessariamente vinculado a toda organização política, e que só caracteriza uma sociedade sob certas condições patológicas (sociedade de classes). Os outros (e, modestamente, estas páginas inscrevem-se nesta segunda linhagem) pensam que nenhuma organização política, pelo menos moderna, poderia funcionar sem haver dominação – e que o único problema político é, então, saber qual é o melhor modo de determinar e adequar esta última – em função, é claro, dos valores e da escala de valores escolhidos. Mas, antes de chegarmos a esta bifurcação, constatemos que ela só tem sentido se aceitarmos a teoria da "soma zero".

Seria pena que o leitor aceitasse esta tese como óbvia. É uma opção, que Talcott Parsons não é o único a recusar. Recentemente, um livro de Michel Foucault, *A Vontade de Saber*, mostrou que ele também rejeitava, e por razões inteiramente distintas das de Parsons, a teoria da "soma zero". Por isso eu gostaria de resumir três dos seus argumentos.

1) Por que reduzir a dominação à proibição, à censura, à repressão escancarada? Por que só pensar no poder enquanto *limitador*, dotado apenas do "poder do não", produzindo exclusivamente a "forma negativa do interdito"? O poder é menos o controlador de forças que seu produtor e organizador. Desde o fim do século XVIII, o poder político é, antes de mais nada, a instância que *constitui os súditos sujeitos* ao dobrá-los a suas pedagogias disciplinares (ensino, exército etc.).

2) Se esta verdade ainda passa desapercebida é porque, "no fundo, a representação do poder continua sendo obcecada pela monarquia", e pela representação *jurídica* que esta suscitou. Daí a necessidade de "decifrar os mecanismos do poder" deixando de recorrer-se à personagem do Príncipe. O poder é instaurador de *normas*, mais que de *leis*.

3) Deixaremos, então, de representar o poder como uma instância estranha ao corpo social, e de opor o *poder ao indivíduo*. Afinal de contas, ainda é muito tranquilizante interpretar o poder apenas como "um puro limite imposto à liberdade".

Representação que, além disto, é muito grosseira. Na verdade, encontramos as relações de poder funcionando em relações muito distintas na aparência: nos processos econômicos, nas relações de conhecimento, no intercurso sexual... De modo que, "no princípio das relações de poder, não existe, como matriz geral, uma oposição binária e global entre dominantes e dominados".

Em suma, o poder não é *um ser*, "alguma coisa que se adquire, se toma ou se divide, algo que se deixa escapar". É o nome atribuído a um conjunto de relações que formigam por toda a parte na espessura do corpo social (poder pedagógico, pátrio poder, poder do policial, poder do contramestre, poder do psicanalista, poder do padre etc. etc.). Por que, nestas condições, conferir tanta honra ao tradicional e arcaico *poder de Estado*, constituído na época das monarquias absolutas europeias?

Sem pretendermos, em tão pouco espaço, criticar Foucault, podemos contudo perguntar se, ao enfocar em seu microscópio os mil pequenos poderes que nos prendem sem o sabermos, ele não está se *precipitando* em depreciar a matriz "ordem/obediência" ("eu tenho poder, portanto você não o tem")...

Quando a questão é compreender como foi e continua sendo possível a resignação, quase ilimitada, dos homens perante os excessos do poder, não basta invocar as "disciplinas" e as mil fórmulas de adestramento que, como mostra Foucault, são achados relativamente recentes da modernidade. Sua origem e seu sucesso talvez se devam a um sentimento atávico dos deserdados, de serem *por natureza excluídos do poder*, estranhos a este – talvez derivem da convicção de que opor-se a ele seria loucura comparável a opor-se aos fenômenos atmosféricos. Ainda que o poder não seja uma coisa, ele torna-se uma, pois é assim que a maioria dos homens o representa... É preciso situar a tese de Foucault dentro dos seus devidos limites: o homem condicionado, adestrado pelos poderes, é o privilegiado, o europeu. Não é o colonizado, não é o proletário do Terceiro Mundo (assim como não era o proletário europeu do século XIX). Estes, o poder não pensa sequer em domesticar: domina-os – e muito de cima. Voltamos, assim, à teoria da "soma zero".

Que o poder político se tenha burocratizado, tecnicizado, sofisticado a ponto de tornar os súditos obedientes malgrado seu – isto é muitas vezes verdade. Mas não será este o resultado de uma longa evolução, cujo ponto de origem seria o momento em que se tornou óbvio que "comunidade política" = "organização da dominação"?

Pois nem sempre foi assim. "Houve sociedades que se arranjaram sem o Estado, observava Engels, sociedades que não tinham ideia alguma do Estado nem do poder de Estado." E já David Hume notava, no seu *Tratado da Natureza Humana* (1740), que "não é absolutamente impossível que os homens mantenham a sociedade, por algum tempo, sem intervenção do governo". Vejam as tribos americanas, dizia ele: elas nos mostram que

O que é poder 23

*A oposição ao poder: uma loucura comparável
à oposição aos fenômenos atmosféricos.*

os homens são capazes de viver em sociedade sem governo, "quando os bens e os prazeres da vida são pouco numerosos e de escasso valor". O nascimento do poder deve-se, aparentemente, às necessidades da *guerra* ("Os acampamentos são os verdadeiros pais das cidades"). E a necessidade do poder impõe-se quando, nas "sociedades ampliadas e requintadas", as regras de justiça já não têm força suficiente em si próprias para que os homens as respeitem se não houver coerção – e quando existem grupos sociais com forte interesse em que a justiça seja ministrada de *maneira segura*.

A partir daí, diz Hume, os homens se acostumam muito rapidamente à obediência cívica – de modo que não se deve dizer, como fazem os teóricos do Contrato, que os homens estejam presos à obediência apenas por sua promessa. Isto pode haver acontecido, em eras remotas. Mas, rapidamente, o dever de obediência "enraizou-se por si próprio". O poder não deve sua existência às nossas promessas; longe disso, é ele, reconhecido há tanto tempo como uma fatalidade, que nos força a cumpri-las. Assim, há muito tempo que "ser cidadão" = "ser obediente". Como compreender esta equação? E ela, em todo caso, que precede e possibilita o *adestramento* descrito por Foucault (assim como por Hegel, que tem muitas análises preciosas a este respeito).

Hannah Arendt

Ora, repetimos, esta equação não é um dado da natureza humana. Basta o exemplo da Pólis grega para atestá-lo. Nesta "*comunidade de iguais* que visam a uma vida que é, potencialmente, a melhor" (Aristóteles), a vida pública não é caracterizada pela dominação. E na esfera privada, relativa à sua família, aos seus escravos, que o homem se porta como um "monarca" ou como um *despotés* (= senhor de escravos; o sentido não é pejorativo), em suma, como um dominador. Mas esta relação *não política* nada tem a ver com a relação que o homem de Atenas mantém com os homens livres, seus concidadãos, durante o tempo (tão restrito) em que tem o encargo de uma magistratura. A este respeito, só podemos recomendar as análises de Hannah Arendt: "A distinção entre governantes e governados pertence a uma esfera que precede o domínio político, e o que distingue este da esfera econômica do lar é o fato de a cidade (*pólis*) basear-se no princípio de igualdade, não conhecendo diferenciação entre governantes e governados" (*Entre o passado e o futuro*, p. 158). Nada é mais apaixonante do que este artigo de H. Arendt, em que ela mostra como os gregos deixaram aos romanos a incumbência de elaborar o conceito de "poder".

O que os gregos chamavam de arché *politiké* (a um tempo, o *princípio* e a *direção* da Pólis para empregarmos termos provenientes do latim, e portanto forçosamente deformadores) *não é o nosso conceito de poder político*. Querem um indício? Vocês o encontrarão na *Política* de Aristóteles (Livro III, capo 6). A prova, diz o filósofo, de que a *arché* normalmente se exerce no interesse de todos é que os cidadãos pretendem participar da direção e assumir os encargos cívicos *por rodízio*. É verdade, acrescenta ele, que as coisas estão mudando – o que é um sintoma patológico: "devido às vantagens materiais que se tira dos bens do Estado ou que se alcança pelo exercício da *archein*, os homens desejam permanecer continuamente em funções. É como se o poder conservasse em permanente boa saúde os que o detêm ... ". Brincadeira que não deve ter muita graça para os Presidentes que buscam a reeleição após um mandato de quatro ou até mesmo de sete anos. Mas brincadeira que indica o quanto está longe de Aristóteles a ideia de uma dominação suprema, que seria a condição de funcionamento da Pólis, a ideia de um *poder constitutivo da Cidade*. Esta ideia é a marca de nascença da nossa modernidade política. E foi um inglês do século XVII que a expôs, genialmente: Thomas Hobbes.

O LEVIATÁ CONTRA A CIDADE GREGA

"A primeira marca do príncipe *soberano* é o poder de dar lei a todos em geral, e a cada um em particular. Mas isso não basta, e é necessário acrescentar: sem o consentimento de maior nem igual nem menor que ele." "O *soberano* de uma República, seja ela uma assembleia ou um homem, não está absolutamente sujeito às leis civis. Pois, tendo o poder de fazer ou desfazer as leis, pode, quando lhe apraz, livrar-se desta sujeição revogando as leis que o incomodam e fazendo novas."

A primeira destas frases é do francês Jean Bodin (*Os seis livros da República*, 1576). A segunda é de Hobbes, no seu *Leviatã* (1651). Ambos conferem ao Príncipe legítimo uma potência (*potestas*) tal que o exercício do seu poder acha-se, como se vê, liberto de toda norma ou regra. E, para medirmos a inovação assim introduzida, basta recorrermos à frase de um teólogo do século XII: "A diferença entre o príncipe e o tirano é que o príncipe obedece à Lei e governa o seu povo em conformidade com o Direito." Ou, ainda, ao que diz Santo Tomás: "A vontade humana pode, em virtude de uma convenção comum, fazer que seja justa uma coisa *dentre aquelas que não implicam nenhuma repugnância à justiça natural.*" A teoria da Soberania libera o poder do Príncipe de tais limitações. Diz respeito a um poder de Estado que não existe mais ao lado de outros poderes, porém infinitamente *acima* deles.

Assim, entre 1550 e 1650, produz-se na Europa uma alteração considerável "na situação da autoridade política frente ao corpo social: a monarquia torna-se absoluta e legisladora. E, porque adquire este vigor, a autoridade torna-se capaz de atribuir, de cancelar, de instituir, de redistribuir os direitos" (Bertrand de Jouvenel). No século XVIII, esta evolução encontra-se acabada, e das instituições medievais que garantiam a pluralidade dos poderes só resta o nome, como observa Tocqueville: "A realeza nada mais tem em comum com a realeza da Idade Média e assume outras prerrogativas, ocupa outro lugar, afeiçoa-se a outro espírito, inspira outros sentimentos. A administração do Estado se expande em todas as partes por sobre os restos dos poderes locais. A hierarquia dos funcionários substitui cada vez mais o governo dos nobres" (*O Antigo Regime e a Revolução*, p. 334).

Sob que pressão se produziu esta mutação do poder? O que ocorreu? Certas obras históricas, como uma recente, do inglês Perry Anderson (*Lineages of the Absolutist State*) mostram-nos, antes de mais nada, como tal questão é complexa. Que tenha sido essencialmente econômica a motivação desta transformação política, é o que poucos historiadores negam. Mas quer isso dizer que o absolutismo limitou-se a responder às necessidades do capital mercantil e manufatureiro? Não terá sido, antes, uma readequação do aparelho feudal, em função de condições novas?

O que parece inegável é que, desde o fim da Idade Média, o desenvolvimento da tecnologia comercial e das transações era pouco compatível com o fracionamento dos poderes locais. E no fim do século XIV que nasce um complexo institucional dotado de poder próprio (os primeiros exércitos profissionais aparecem no final do século XIII), encarregado de garantir a segurança e a justiça, e que se arroga o monopólio da determinação dos direitos e deveres de cada um. A partir do século XVI, o paralelismo entre os dois tipos de mutação – política ou econômica – torna-se nítido: "por um lado, a centralização e, simultaneamente, a burocratização do poder, transformando o aparelho estatal do governo dos príncipes – por outro lado, a expansão da circulação capitalista das mercadorias e uma progressiva perturbação do modo de produção baseado na família" (Jürgen Habermas, *Teoria e Prática. A Doutrina Clássica da Política*).

Haverá, entre estas duas séries, uma relação de causalidade ou, simplesmente, de concomitância? A este respeito, podemos apenas referir-nos às análises, prudentíssimas, de Perry Anderson. Embora empregue conceitos marxistas, Anderson não nos permite afirmar *sem mais* que o absolutismo é o *produto* da ascensão do capitalismo. Melhor será dizermos que esta ascensão do capitalismo foi, *geralmente* (veremos que devem fazer-se algumas reservas), favorecida pela consolidação do absolutismo.

Em todo caso, o que ora nos interessa é a originalidade da nova forma política. É a *natureza* desta variedade de *poder político* que é nosso objeto – e a natureza de um poder não pode ser deduzida das tarefas sociais que ele é levado a cumprir. Que o poder soberano não tenha caído do céu – certo. Mas deixaremos ao historiador o mister de iluminar as estratégias históricas que resultaram nele.

Os antigos, escreve Jean Bodin, "chamavam de República uma sociedade de homens reunidos para viverem bem e felizes". Mas será mesmo este o objetivo primeiro de uma República? As Repúblicas só podem cuidar das "virtudes morais" "quando estão amparadas quanto ao que lhes é necessário", o econômico passa antes do ético. Esta é a primeira diferença entre a concepção moderna e a antiga da Cidade. A segunda aparece na definição que Bodin faz da República: "reto governo de várias famílias e do que lhes é comum, havendo um poder soberano". O que supõe que se reconheça às "famílias", às atividades privadas dos homens, uma *existência própria* – e mesmo, de direito, prévia à da Cidade. "Mas é preciso, acrescenta Bodin, que haja alguma coisa comum e *pública*: como o domínio público, o erário público, as ruas, as muralhas... as leis, os costumes, a justiça, os alugueres, as penas..., pois não existe República se não há nada *público*."

Contudo, este espaço *público* é habitado por indivíduos ou grupos ("famílias") que, em sua dispersão, nunca constituiriam, sozinhos, uma *comunidade* entendida como um corpo único. Os indivíduos enquanto tais formam apenas uma *multidão*, quer dizer, "um número de homens distinto pelo lugar das suas residências, como o povo da Inglaterra ou o povo da França" (Hobbes). Ora, nesse estágio (ideal) de mera congregação geograficamente determinada, o povo não é um corpo *político*. Ainda precisa de uma instância que coordene e unifique os indivíduos. É aqui que intervém a noção de *potência*. "A República, sem *potência soberana* que *una* todos os membros e partes, e todas as famílias e colégios, *num corpo*, já não é mais República" (Bodin).

Estamos, então, em condições de compreender o que é "este grande Leviatã que é chamado de República ou Estado" (Hobbes). O que é ele? "Um homem artificial", um genial e gigantesco autômato, criado "para defesa e proteção" dos homens naturais.

O importante é que esta criação coincide plenamente com a constituição da "multidão" em um "corpo político".

"É como se cada homem dissesse a cada homem: 'Cedo e transfiro meu direito de governar-me a mim mesmo a este homem. ou a esta assembleia de homens, com a condição de transferires a ele teu direito, autorizando de maneira semelhante todas as suas ações'. Feito isto, *à multidão assim unida numa só pessoa se chama República*, em latim *civitas*. É esta a geração daquele grande Leviatã" (Leviatã, cap. 17).

Para que haja "corpo político", é preciso que as vontades de todos sejam depostas numa única vontade, e que exista um *depositário* da personalidade comum: "O depositário desta personalidade é chamado *soberano*, e dele se diz que possui *poder soberano*. Todos os restantes *são súditos*." (*Ibidem*). Este soberano será "um único homem, ou uma assembleia cuja vontade é tida e considerada como vontade de cada homem em particular".

Assim, não há comunidade sem unificação não há unificação sem soberania –, mas também não há soberania sem poder *absoluto* (que não está submetido a nenhum outro) e *perpétuo* (sem solução de continuidade). Compreende-se desta maneira que o portador da soberania seja "absolvido do poder das leis", isento de seguir as dos seus predecessores, e também não esteja "preso às leis e ordenações que edite". Não haverá, pois, razão – tirada quer do direito natural, quer da objeção de consciência, quer do dogma religioso etc., que autorize um cidadão a opor-se ao "que seu príncipe ordene" (exceto para salvar a própria vida, dirá Hobbes). Por questão de princípio, é impossível haver recurso contra um príncipe absolutamente soberano, e até mesmo seria absurdo contestar as suas decisões. Escutemos, mais uma vez, Sodin: "*Tal é nosso prazer* significa que as leis do príncipe soberano, ainda que sejam fundadas em boas razões, contudo dependem *apenas da sua pura vontade*."

Sem dúvida, a lei visa à justiça, mas, no regime em que há um soberano, eu obedeço à lei *enquanto ela é a vontade do Príncipe* (isto é, não esqueçamos, quer de um homem quer de uma assembléia quer mesmo do povo, se vivermos numa democracia: não vamos imaginar que esteja em questão apenas a monarquia...). Assim sendo, à primeira vista a teoria da soberania pode passar por mera apologia do despotismo. E exatamente esta a censura clássica que foi feita a Hobbes. Mas é preciso notar que esta crítica "de bom senso" negligencia, pelo menos, duas coisas.

1) Que o Soberano tem a tarefa de zelar pela *"vida boa e cômoda"* dos súditos e pela sua *segurança*. Se os súditos depuseram em suas mãos o direito de natureza que possuíam, foi para escaparem aos perigos da anarquia (a "guerra de todos contra todos") que, segundo Hobbes, enfrentavam no estado de natureza – e o comportamento do Soberano não pode frustrar (ou, pelo menos, frustrar completamente) esta expectativa. Sem dúvida, o poder de que ele dispõe para desincumbir-se de sua tarefa protetora é um poder sem freios, porque provém da anulação do "direito" que cada um tinha a defender a sua vida a qualquer preço – e o exercício de tal direito pode conduzir o soberano à tirania. Mas uma pura tirania poderá subsistir muito tempo? Será possível, com efeito, governar por muito tempo zombando do mínimo de "comodidades" que deve ser garantido aos súditos?.. Neste sentido, a mensagem de Hobbes não é, absolutamente, "conservadora".

2) Que, se a Soberania pode limitar à sua discrição as minhas liberdades, nem por isso ela será o mero exercício de uma força repressiva. Não esqueçamos que, sem esta força – cujos efeitos tantas vezes podem ser-me desagradáveis, não haveria unificação nem "povo", rigorosamente

falando. O Soberano é, antes de mais nada, a única *antidesordem* eficaz possível: é ele ou o caos, parafraseando de Gaulle. – Assim, Hobbes, antes de Hegel, tenta tornar-nos inteligível o fato da cumplicidade inevitável entre o súdito e o soberano, entre o dominado/protegido e o dominador/protetor. Não é a *troco de nada* que os homens aceitam ser confiados ao soberano: é em troca da sua segurança – e também (a partir de Rousseau) contra a certeza de que, graças a ele, terão condições de portar-se como sujeitos racionais. Tudo isso será mistificação? Será mesmo? E fato que *muita coisa é necessária*, para que os homens se revoltem: obscuramente, todos sabem que atentar contra a soberania é colocar-se forçosamente numa situação *de perigo*. E isso é tão sabido e notório que nada é mais premente, para uma revolução, do que instaurar uma nova soberania, muitas vezes ainda menos amena do que a recém-destruída.

Como foi tornado possível este estranho conceito do *poder = arbítrio, enquanto cimento do corpo político*? À custa de que deslocamentos conceituais? É o que pretendemos examinar, partindo desta definição hobbesiana da *Cidade*: "uma multidão de homens, unidos numa pessoa única por um poder comum, para sua paz, sua defesa e seu proveito comuns".

1) *Recusa da antiga finalidade do político.* – Segurança e possibilidade de gozar ao máximo, em paz, de todas

O que é poder 37

as "*comodidades da vida*", são estes os dois objetivos que os homens perseguem quando abandonam o estado de natureza e se tornam cidadãos. A respeito, Rousseau não dirá coisa diferente de Hobbes: "Qual é o fim da associação política? E a conservação e prosperidade dos seus membros." (*Contrato Social*, livro III, cap. 9). Ora, tais fórmulas destroem completamente a concepção antiga da Pólis. Não é verdade, dizia Aristóteles, que as associações *políticas* sejam motivadas exclusivamente pela satisfação de interesses materiais: "mesmo quando não precisam da ajuda dos outros, os homens continuam desejando viver em sociedade" (*Política*, livro III, cap. 6). "A primeira causa de associação dos homens é menos a sua fraqueza do que um instinto de sociabilidade inato em todos" (Cícero, *De República*). Uma cidade digna de seu nome só poderá existir, portanto, tendo em vista cumprir o bem – e deveremos negar o nome de "cidade" a toda associação formada com o fim de uma aliança defensiva ou, ainda, para favorecer as trocas ou "impedir as injustiças recíprocas". Os homens que formam a cidade "não concluem uma mera aliança defensiva contra toda injustiça" (Aristóteles, *Política*, livro III). Hobbes, leitor dos gregos, fez questão de ser o anti Aristóteles.

Como compreender uma tal reviravolta? É que, há muito tempo, já não satisfaz a simples oposição: *vida privada individual* / domínio *público* (entendido como participação na Cidade). Fora da sua esfera e da sua família, o homem não é mais quem participa da Cidade: pertence à sociedade (*societas*), isto é, ao conjunto das relações jurídicas e econômicas que os indivíduos ou os grupos estabelecem entre si. Em outras palavras, ele *despolitizou-se*. É significativo que Santo Tomás não repita Aristóteles: "O homem é um animal político", mas diga: "O homem é um animal social", Ora, a *societas* não é a cidade: é um conjunto de atividades que não têm por objetivo o bem comum, e que apenas precisam exercer-se *no quadro da paz*.

É neste ponto remoto que principia a nossa modernidade: quando a *comunidade* não mais é entendida como congregação de homens que são diretamente encarregados de zelar pelo funcionamento do Todo, mas como uma congregação de homens (*societas*), a quem seus próprios afazeres ocupam demais para que possam dedicar-se aos interesses do Todo, e que, por isso, devem ser *protegidos* pela instância política, em vez de *participarem* dela.

2) *O direito é o útil.* – Hobbes recusa-se a conceber o direito como distribuição ou repartição de uma *ordem*. Para ele, não existem normas preestabelecidas tais que sempre devam ser levadas em conta por quem ministra a justiça. E, portanto, não tem cabimento

opor os que julgam "objetivamente", sem interesse, àqueles que julgam em função da sua utilidade.

O que é o direito? Para compreendê-lo, é preciso retornar ao estado de natureza: "Este desejo natural de conservar-se, isto é, o que se chama *direito* ou (em latim) *jus*, é uma inocente liberdade de empregar o seu poder e a sua força natural." No estado de natureza, tenho "direito" a tudo o que quero, eu posso (fisicamente, e nos limites da minha força física) apoderar-me de tudo o que é bom para mim, segundo o meu juízo. O direito (*jus*) é medido pelo útil (*utile*).

Nestas condições, suponhamos que não exista instância soberana, que não haja poder que eu tema. Se assim fosse, como poderiam os homens, guiados apenas pelo sentimento do que lhes é útil, aceitar que houvesse arbitragens? – Vou confiar a um árbitro "imparcial" o mister de decidir o diferendo que me opõe ao meu próximo. O árbitro pronuncia-se, em favor dele. Por que *deveria* eu acatar essa sentença? O árbitro dirá que somente considerou o que é Justo em si. Mas o "Justo em si" nunca é mais do que a opinião que ele tem acerca do "justo": o "Justo" é o que assim parece a cada um de nós. E, sendo estas as minhas disposições, por que respeitaria eu a decisão do árbitro, *se a tanto não me visse forçado*? O *utilitarismo* de Hobbes leva-o forçosamente a admitir como necessário um poder, capaz de decidir e legislar, que tenha o seu princípio *apenas em si próprio*, e que não se refira a nenhuma legislação (divina ou humana) externa a ele. A única razão que pode me "convencer" a obedecer à lei é que ela é a lei – é saber que serei castigado se a infringir. Se devêssemos obedecer às leis *por serem elas boas* e se cada um fosse livre para decidir a seu bel-prazer acerca do valor da lei, a obediência não seria mais garantida, e por isso já não haveria mais leis...

"Antes da lei, não havia injustiça"; "uma ação justa é a que não é praticada contra a lei". Em vez de ser medida por uma Justiça preexistente, é a lei da Cidade que constitui a medida d'*o que é justo*. Repto lançado a todo o racionalismo de origem grega, que Hobbes resume nesta fórmula: "É a autoridade, não a verdade, que faz a lei". As teorias racionalistas do Estado tentarão corrigir esta áspera sentença, apresentando o Estado como o reino da Verdade sobre a terra, a encarnação da Justiça, o instrumento da verdadeira Liberdade etc. Mas é a palavra de Hobbes que apreende, em sua pureza, a essência da soberania.

Se os filósofos racionalistas fossem reis, em princípio todos os conflitos deveriam ser decididos perante o tribunal da Justiça em si. O aborrecido é que seria preciso esperar muito tempo antes que todos os homens se convencessem de que se trata mesmo da Justiça em si, e para que eles se submetessem à autoridade do juiz... É por isso que os filósofos, ao se tornarem reis, deixam de ser filósofos: ordenam, prescrevem, ameaçam, punem – sem perderem tempo convencendo os insensatos da racionalidade dos seus decretos. Também eles proclamam: "Obedeçam, ou estarão fritos." E, apesar das aparências,

Os filósofos, ao se tornarem reis, deixam de ser filósofos: ordenam, prescrevem, ameaçam, punem.

esta fórmula não é, necessariamente, tirânica. Pode sê-lo, não há dúvida, quando o Soberano tem em mira apenas o seu interesse próprio – mas há Soberanos que agem em função do que lhes parece constituir o interesse de todos. Em contrapartida, nada é mais temível do que o Soberano (não hobbesiano!) que declara: "Obedeçam, porque a Razão fala por minha voz." Nada é mais temível – porque, se a desobediência à lei é um *crime*, a desobediência à Razão é um *sacrilégio*. Havendo escolha, é preferível obedecer à lei simplesmente porque ela emana do Soberano.

Em suma, a Soberania é o único cimento do corpo político porque os homens nunca foram animais racionais, se por isso entendemos animais que se inclinam *perante a razão pura*. A "razão" é sempre a razão *do mais forte* (mesmo nos diálogos de Platão, onde a razão está do lado de quem é mais forte... no campeonato dialético). E é por isso que a essência do Estado é ser ele soberano.

3) *O fim das hierarquias naturais*. – Os homens nunca se entenderão sobre os valores; nunca alcançarão a unanimidade para designar quem deles é mais sábio, quem o mais virtuoso etc. Nada é anormal nisso: pois, espontaneamente, cada qual pensa ter tanto direito, quanto qualquer outro, a decidir acerca do que é justo ou injusto. Espontaneamente, cada um pensa ter condições

de governar a si próprio. E é por isso que não pode haver, como pretendia Platão, solução racional para os conflitos de valores. Se de direito, os entendimentos ou as opiniões são iguais, *quem* poderia, razoavelmente, decidir – a não ser quem pretendesse deter o saber acerca do Bem? Mas este seria um charlatão. A recusa de um mundo dos valores assim se vincula, para Hobbes, ao postulado da igualdade: "É uma lei de natureza que todo homem reconheça os outros *como seus iguais*."

Assim, Hobbes destrói a ideia de uma hierarquia natural (segundo a nobreza, a sabedoria ...), e toda justificativa para uma sociedade de castas. Não é verdade que os homens devam ser distintos e classificados conforme o valor das tarefas das quais, por natureza, eles teriam que se desincumbir. A natureza de Hobbes é a do mecanicismo: não é mais a *physis* teleológica de Aristóteles. E este ponto é relevante para a sua concepção do político.

a) A ideia de hierarquia natural supunha a da sociabilidade natural; ora, não existe sociabilidade natural. O único modelo de política é a associação livremente consentida, cujos membros se comprometem por juramentos recíprocos de fidelidade. Não é este o único tipo de vínculo que possa convir a indivíduos iguais?

Já se procurou ver, nesta representação do social, um efeito da crescente importância adquirida pelas relações mercantis, cujo pressuposto é a *igualdade* do comprador e do vendedor. Seria excessivo, sem dúvida, explicar apenas por isso a antropologia de Hobbes. Certamente, foi mais decisiva a crítica radical que fez ao cosmos de Aristóteles, em que cada ser era, por assim dizer, dirigido por seu *fim* (telas) – em que lhe era atribuído previamente um lugar próprio no conjunto. Desde que este mundo, que era ao mesmo tempo *uma ordem*, desaba, a *comunidade* (*koinônia*) não mais existe *por princípio*, e o problema político então será encontrar uma solução, permitindo que elementos separados por essência, retraídos ao seu interesse vital, ciosos de sua independência, *sejam integrados, apesar de tudo, numa totalidade em que se preserve a sua igualdade original*. É este o problema que será retomado por Rousseau no *Contrato Social*.

Hegel considerará sofística uma tal formulação do problema político, que começa postulando indivíduos preexistentes a toda Cidade, e que só pode compreender a comunidade como o que ultrapassa uma dispersão original de átomos pré-sociais. Contudo, seja qual for o valor de tal representação, é ela a que melhor nos permite apreender o caráter inelutável do poder soberano, pois somente um *poder comum* é capaz de agregar politicamente indivíduos *iguais*. Iguais em sua submissão.

b) No princípio, portanto, existem apenas indivíduos em luta (latente, pelo menos) que, num segundo tempo, confiarão ao Estado o cuidado de conservar-lhes a vida, melhor do que eles próprios seriam capazes. Se assim for, como observa Leo Strauss em seu *Natural Right and History*, a necessitas do Estado será deduzida, em última instância, de um *direito do indivíduo*: o de conservar a própria vida.

Paradoxalmente, o *Leviatã*, que logo se tornará o símbolo do Estado autoritário, inaugura deste modo um discurso político para o qual: a) é o indivíduo que é originário e natural, e não o Estado; b) o fatô fundamental é um *direito*, e não um dever ou um conjunto de deveres. É a partir de Hobbes, observa ainda Leo Strauss, que se dará ênfase aos direitos naturais, e não mais aos deveres naturais. Pode-se concluir, com o autor, que Hobbes foi o verdadeiro fundador do "liberalismo" político? Pensamos, embora sem poder demonstrá-lo aqui, que essa tese é extremada. O que é inegável, porém, é que existe uma ligação entre o advento do *indivíduo isolado*, enquanto peça essencial da construção do político, e a promoção de um poder único como condição *sine qua non* da Cidade. Estão ligados, também, o reconhecimento dos *direitos do homem* e a *ascensão do autoritarismo*.

Evitemos, portanto, demasiada pressa em alegar que o indivíduo é o Outro do Estado, que o Estado lhe é hostil por princípio. Genealogicamente, foi apenas graças à tutela de um poder único e centralizador que o "indivíduo" se viu capaz de compensar o seu isolamento, e de reivindicar a sua condição de indivíduo.

* * *

Talvez compreendamos melhor, agora, em que medida a teoria da Soberania implicava uma subversão do pensamento político. Citando, ainda, Leo Strauss: "Para Hobbes, o erro fundamental da filosofia política tradicional foi haver postulado que o homem é um animal político e social... Rejeitando tal postulado, Hobbes admite que o homem é, naturalmente, um animal apolítico, e até mesmo associal ... ". Deveremos partir deste ponto, se quisermos compreender por que o poder político não pode ser mera instância de gestão e organização, mas sim o detentor permanente de uma força absoluta, *sem a qual sequer seria possível falar em "societas"*.

Retomemos, com Hobbes, o estado de natureza. Desde que nele aparece a razão, o homem toma consciência da impotência de fato, em que é posto pela igualdade das forças em conflito (pela igualdade, pois até o mais forte pode sofrer um instante de distração): "ninguém tem suficiente poder para estar seguro de que possa conservar-se, enquanto permanecer em estado de guerra". De que vale, então, que um homem possa prevenir o mal que os outros venham a lhe infligir, se este poder preventivo é, *de fato*, tão relativo? Por mais imponente que seja o poder dissuasor em mãos de alguém, este poder nunca lhe valerá tanto quanto *a certeza da paz*.

As "leis da natureza" deveriam bastar para garantir esta paz: "elas têm por finalidade proibir-nos de sermos nossos próprios juízes e de fixarmos nós mesmos o que nos compete – e se resumem em acomodarmo-nos à convivência com os outros homens." Sugerem, pois, que entremos numa união em que cada qual abdicará dos direitos "que não poderiam conservar, sem perderem a paz". Assim, cada homem se compromete a não ser mais agressor: o "consenso" é unânime. Mas os compromissos mais solenes serão uma fiança suficiente? Todos me asseguram que eu nunca serei atacado. Cada um está persuadido de que o pacto atende ao seu interesse. Mas quem me garante que os outros não sejam celerados, que só esperam que eu deponha as armas, para se lançarem sobre mim? O que tranquiliza cada uma das Superpotências, quanto ao respeito dos acordos SALT, é a assinatura da outra – ou serão os satélites-espiões? Enquanto os homens se limitarem a fazer promessas, *perdurará a guerra*. "Enquanto nada garante que os homens observem a lei da Natureza em favor dos outros, *eles permanecem em estado de guerra*" (*Elements of Law*, I, 19).

A não ser por estrita estupidez, ninguém se satisfaz com simples promessas para perder o medo. Por isso sempre temerei – enquanto não tiver a certeza de que o medo sentido pelos Outros também me permite, finalmente, confiar neles (*ibidem*, 11, 1). Até que "algum medo mútuo e comum" proscreva, com segurança, o estado de guerra. Até que os outros tenham mais a perder, rompendo o pacto, do que respeitando-o.

Sem dúvida, não é o medo pânico (o medo que me faz fugir com quantas pernas tenho) que inclina os homens a se confiarem a um Soberano. É, sim, este surdo e ininterrupto medo de todos os outros, que se chama *desconfiança*. Ela é engenhosa, e capaz de fazer-nos inventar os meios que, no futuro, exorcizarão todo medo possível.

Escutemos o jurista Pufendorf, em 1672: "É essencial que o medo tome tão bem as suas medidas, que todos se coloquem em condição de não ter mais nenhum motivo aparente de temor. Quando vamos nos deitar, fechamos cuidadosamente a porta do quarto, de medo dos ladrões: *afinal, não temos mais medo*... Assim, o medo engenhosamente inventa expedientes para expulsar a si próprio; é o que acontece ao estabelecerem-se as sociedades civis... ".

* * *

Como? Para justificar a opressão do poder estatal, dirão vocês, será preciso ter uma ideia assim triste da natureza humana? Desta censura, Hobbes não foi poupado: para apresentar como uma boa nova o nascimento do Leviatã, ele devia começar concedendo ao homem um "direito natural", que nada mais era que a explicitação da força. Será espantoso que, com tais premissas, seja necessário nada mais nada menos que um Soberano absoluto para garantir a cada animal que a paz reinará no estábulo? Lendo Hobbes, Malebranche indigna-se: "... Acreditar que o mais forte tenha direito a tudo, sem que jamais ele possa cometer alguma injustiça, é certamente incluir-se entre os animais, e fazer da sociedade uma assembleia de feras brutas." E Voltaire faz-lhe eco: "Tendo todos direito a tudo, cada um teria direito à vida do seu semelhante... Não confundes a potência com o direito ? Pensas que o poder outorgue o direito, e que um filho robusto não tenha que se recriminar, por haver assassinado o pai prostrado e decrépito ?"

Uma coisa, porém, é estranha. Apesar de todas as maldições que dois séculos fizeram chover sobre Hobbes, foi no caminho por ele aberto que enveredou o pensamento político. Como escreve P. F. Moreau: "Dois séculos imputaram a Hobbes todos os pecados; mas, se examinarmos mais de perto, veremos que só se discutem longamente os pormenores, enquanto se reproduz o rigor do argumento hobbesiano... Todos admitem o princípio: o homem é tudo para o homem – é um lobo, e também uma defesa contra os lobos ... " (*Racines du Libéralisme*, p. 53). Quer dizer que a política inaugurada por Hobbes seria a outra face de uma antropologia pessimista, para a qual a função essencial da Cidade seria reprimir a malícia humana?

As coisas não são tão simples. Como escreve Kant: "por melhores e mais apegados ao direito que seja possível imaginar os homens", ainda assim a saída do estado de natureza só deverá ser "a união numa comum submissão a uma coerção legal, externa". Em outras palavras: o modelo hobbesiano deveria ser mantido, independentemente da antropologia de Hobbes.

Na verdade, porém, Kant não se priva – também ele – de criticar Hobbes: "Hobbes considerou todas as leis, até mesmo as leis morais, como despóticas, isto é, como não exigindo o nosso consentimento racional." E, a este *imperium* despótico que trata os súditos como crianças ou como servidores, Kant opõe o "governo patriótico", graças ao qual o homem encontra no Estado "a sua liberdade numa dependência legal... (que) procede da sua própria vontade legisladora". O advento da razão prática parece, assim, inverter os dados do problema político:

Hobbes tinha a respeito do homem uma ideia materialista, mecanicista etc ... ; a restituição ao homem da sua essência de *ser-racional* mudará a fisionomia da Cidade...

Mas observemos melhor. Acontece que Kant distingue a *comunidade ética* (estado em que os homens se encontram reunidos apenas sob leis de virtude, não coercitivas) e o estado *jurídico-civil* (governo da comunidade por leis que "são, sempre, *coercitivas*). Ora, logo a seguir ele assinala que a primeira comunidade "não poderia absolutamente ser instituída pelos homens" *se não tivesse a segunda como base*. E, de fato, no Estado kantiano, a soberania não conhece limites – e é anulado todo direito de resistência ... Como explicar esta convergência de fato atravessando a dissensão filosófica?

Qual é, segundo Kant, o objetivo da união civil? É garantir "a independência de cada um frente ao arbítrio necessitante de outrem". E isto só pode ser realizado por meio de uma legislação encarregada de disciplinar a *insociabilidade natural* dos homens. Trata-se de obter um equilíbrio dos direitos de todos *em meio ao antagonismo*, que continua sendo a trama do social. Daí a necessidade de um Soberano que me garanta que, se a minha liberdade respeitar todas as demais, ela não deparará com obstáculos ao seu exercício. Assim não se elimina o antagonismo: os homens continuam sendo, *antes de mais nada, concorrentes*; mas vêem-se *dissuadidos* de passar do jogo à guerra, da competição à fraude. Cada qual está ciente de que, por princípio, a agressividade dos demais encontra-se limitada.

Sem este saber prévio, diz Kant, *nem mesmo poderia haver algo como uma "societas"*. Pois, sem ele, não teria a certeza de que, recusando-me a lesar alguém, nada tenho a temer por meu próprio direito. Assim, o poder estatal é a condição para que a reciprocidade dos procedimentos corretos, base de uma sociedade racional, se torne *alguma coisa crível*. E é por isso que à Soberania é, mais uma vez, inelutável: não porque o homem é apenas um vivente egoísta, mas porque é um sujeito racional, que entende que o seu direito lhe seja *seguramente reconhecido*. Genialmente, Kant atreveu-se a ver o que toda a filosofia política de Hegel se esforçará por dissimular: que até mesmo o reino "da razão" está fundado na força: "O homem é um animal que reclama o seu direito, e que não consente de bom grado em cedê-lo a nenhum outro... *por isso, ele precisa de um senhor*" (Reflexão 1.464).

Kant pode indignar-se com o "despotismo" de Hobbes: mesmo assim, conserva o mecanismo constitutivo do "Leviatã". Para que seja concebível uma sociedade de sujeitos racionais, é preciso, *antes de mais nada*, a submissão de todas as vontades à vontade comum, representada por um poder *absoluto*. Sem o que, não poderei conduzir-me, de fato, como um cidadão; não poderei, de fato, viver como um sujeito racional que se considera igual a todos os demais.

É por isso que o poder não é uma função qualquer na cidade: é a *origem* da cidade, "a causa da sociedade dos associados". Sem a soberania, ninguém teria aquela *confiança mínima* que é necessária para que se sinta membro de uma sociedade. "*Dominus originarius*": esta expressão de Kant significa que o poder é menos aquilo que *domina* os súditos, que aquilo que *cria* os cidadãos. Longe de Kant haver refutado Hobbes, é este quem coloca a máscara kantiana.

Seria então o *Leviatã* a porta da frente de toda política moderna? Se assim fosse, o poder político não se reduziria mais ao exercício de uma força repressiva permanente: esta seria também, e sobretudo, a condição *sine qua non* para haver sociedade. O importante não seria a força nela mesma, mas o fato de todos sentirem a sua necessidade. É o que exprimiu Antonio Gramsci, ao analisar a noção de "soberania" em Bodin: "Não é o momento da força que interessa a Bodin, mas o do *consentimento*."

Assim, *ser cidadão* suporia, por princípio, uma *resignação original*... Mas esta convicção, que Hobbes e os seus pósteros pretendem instilar-nos, não seria efeito de uma astúcia diabólica?

O "LEVIATÁ" E O ESTADO BURGUÊS IV

O conceito de *soberania* é o indício de uma profunda mutação no pensar a coisa *política*. A cidade antiga, que devia orientar os homens para a "vida boa", cede lugar a um *mecanicismo* que, por piores que se suponha serem os homens, garantirá cada um contra todos e será capaz de transformar em cooperação os seus antagonismos. O que é admiravelmente expresso por Kant, quando afirma que o problema da constituição de um Estado se coloca da maneira seguinte:

"Ordenar de tal forma uma multidão de seres razoáveis, que desejam, todos, leis gerais para a sua conservação, mas cada um dos quais está propenso a isentar-se delas em segredo, e dar-lhes uma constituição tal que, apesar do antagonismo erguido entre eles por suas inclinações passionais, eles constituam obstáculo uns aos outros, de modo que, na vida pública, seu comportamento seja como se estas más disposições não existissem" (*Paz Perpétua*).

Politizar o homem não consiste mais em educá-lo moralmente, mas em introduzi-lo num maquinário que o vergará a fins (a paz e a segurança) que, apenas por suas disposições naturais, ele não poderia alcançar. O modelo político é, assim, *mecânico* – e nada mais significativo, a este respeito, do que a imagem do autômato, que Hobbes emprega no início do Leviatã, ou a linguagem do equilíbrio de forças, que retorna constantemente no *Contrato Social* de Rousseau, ou, ainda, a metáfora newtoniana: como no universo, também na cidade a ordem virá da compensação entre atrações e repulsas. "A verdadeira união, escreve Montesquieu, é uma união de harmonia, que faz que todas as partes, por mais compostas que nos pareçam ser, concorram para o bem geral da sociedade... da mesma forma que as partes deste universo, eternamente preso pela ação de umas e pela reação das outras."

Esta definição da coisa política supõe (o que é particularmente evidente em Kant) uma percepção do social centrada na atividade econômica dos indivíduos. Mas também se prende a uma nova ambição: chegar a uma constituição das sociedades que seja regida por leis tão invioláveis quanto as da natureza – capaz, assim, de evitar, sejam quais forem as disposições naturais dos homens, toda disfunção, toda queda na *anarquia* ou no *despotismo* – estes dois estados *apolíticos*. Como diz uma comentadora alemã de Kant, Hella Mandt, o que é comum a este filósofo e a Hobbes é conceberem ambos a comunidade humana como uma coisa, "como uma *obra de arte* feita de regras jurídicas, assentada em si mesma e independente tanto das inclinações quanto das virtudes humanas... ".

Ora, é óbvio que esta maravilhosa relojoaria só poderá funcionar se for animada por um motor dotado de uma força irresistível e capaz de impedir qualquer deslize na engrenagem. E apenas sob esta condição que os comportamentos dos átomos são coordenáveis; é apenas sob esta condição que o antagonismo e a concorrência podem metamorfosear-se em solidariedade... Em suma, talvez me diriam vocês, o conceito (ou o mito) da Soberania designa a condição política para a conservação e funcionamento de uma economia de mercado. Concluindo: suprimamos esta, e suprimiremos ao mesmo tempo a necessidade de um poder de Estado...

Este é o sentido da interpretação que o professor Macpherson apresenta de Hobbes, em seu livro sobre o *Individualismo Possessivo*. Mas esta interpretação depara

O que é poder 57

Kant

com algumas dificuldades. E fato que Hobbes não demorou a ter má reputação junto às "classes dirigentes". Como explicar esta reação incoerente do público? A resposta de Macpherson é a seguinte: "para manter a estabilidade da sociedade, Hobbes *foi longe demais*". Foi longe demais, pois não foi capaz de adivinhar que a solidariedade de classe dos burgueses permitiria economizar um Soberano que perpetuasse a si próprio. Por isso, *a contrario*, o sucesso de Locke, burguês mais lúcido, que se opôs à ameaça representada pelo poder soberano de uma pessoa ou de uma assembleia "que perpetuam a si próprias..."

Segunda razão invocada por Macpherson para explicar a dissensão entre Hobbes e o *seu* público: Hobbes "não consegue oferecer garantias sérias, capazes de servirem de salvaguardas à propriedade contra as interferências de um Soberano absoluto que perpetue a si próprio...". – Contudo, é sequer possível dizer que Hobbes *não consegue* tranquilizar os proprietários? Parece que ele nem cogita disso. Para ele, é o poder soberano, apenas, que pode dar sentid9 à noção de "propriedade". Disso decorre que a propriedade, em sua origem, só pode haver resultado de uma repartição discricionária efetuada pelo Soberano. A propriedade assim conferida a um súdito permite-lhe, sem dúvida, vedar o seu uso a outro súdito *mas nunca ao Soberano* que, em caso de necessidade, está perfeitamente fundado a retomar o que deu.

Parece-me ser muito diferente, a este respeito, a doutrina de Locke (ainda que Macpherson procure atenuar esta diferença). Locke concede (*Segundo Tratado sobre o Governo Civil*, seções 128-131) que, ao ingressar na sociedade civil, o homem abandona totalmente os dois poderes de que dispunha no estado de natureza, a saber:

a) fazer tudo o que julgar conveniente para garantir a sua *conservação*; e

b) *punir* as infrações cometidas contra a lei natural.

Ele consente estas duas renúncias para que se possa realizar "O fim capital e principal" da associação, isto é, *a conservação das propriedades*, que, para Locke, constitui um absoluto. Sem dúvida, o homem, ao associar-se, "submete todas as posses que tem, ou que vier a adquirir ... à jurisdição do governo". Mas fica entendido que "O poder supremo não pode tomar de nenhum homem qualquer parte do que lhe pertence, sem o seu consentimento" (seção 138). E seria absurdo que o poder supremo "pudesse dispor arbitrariamente dos bens de um súdito ou tomar a seu talante uma parte qualquer deles". Desta maneira, Locke retoma, de maneira muito explícita, uma doutrina que, segundo Hobbes, tende à "dissolução da República": todo particular teria "uma propriedade absoluta dos seus bens, privando assim o Soberano de todo direito sobre tais coisas" (*Leviatã*, cap. 29). Se Hobbes é "revisto e corrigido" por Locke, como diz Macpherson, é preciso confessar que a "correção", neste ponto, é considerável.

Parece, portanto, que Se deve matizar bastante a tese de Macpherson. Sem dúvida, a teoria da Soberania é um modelo político que, seguramente, supunha o surgimento ou a existência de uma sociedade mercantil. Mas, se tomamos esta teoria em sua forma pura – na forma que Hobbes lhe deu –, é impossível dizer que o poder por ela definido esteja, exclusivamente, *a serviço* desta sociedade. Hobbes instaura um modelo de dominação política que é condição sine qua non para o funcionamento de *toda sociedade moderna*. No interior deste quadro, podem colocar-se diferentes figuras de dominação (exceto o despotismo, entendido como o mando de um homem ou de um grupo em vista *apenas do seu* interesse) – e o Estado liberal, cujas bases são lançadas por Locke, é uma destas figuras – mas, certamente, uma das mais contrárias ao espírito de Hobbes. Se me perguntassem qual é a amostra política que melhor corresponde, hoje, ao modelo hobbesiano, eu me arriscaria a responder: uma ditadura militar "esclarecida", instaurada com o intuito de realizar reformas estruturais socioeconômicas (o que quase aconteceu no Peru – o que acontece em alguns países da África Negra – cujos chefes de Estado não são apenas Bokassas ou Idi Amins).

Sem dúvida, Locke utiliza o *maquinário político* inventado por Hobbes, mas o faz para orientá-lo no sentido de uma *restrição* da dominação política – e é isto, exatamente, que trai o espírito de Hobbes. Em outras palavras: se Locke conserva o esquema da Soberania, ele limita ao máximo o modo do seu funcionamento – e é então, *mas só então*, que o poder é exposto, com toda a clareza, como nada mais que um fiel instrumento a serviço dos proprietários. Não mais como expressão do social, mas como uma *superestrutura* sem maquiagem: o poder é confiado a indivíduos que governarão com base num contrato preciso, e estreitamente vigiados por seus mandantes. Neste sentido, Vaughan tem o direito de dizer que o livro de Locke é dirigido, não só contra o *Leviatã*, mas contra a própria ideia de Soberania. Entre *poder de classe e soberania estatal* não há identidade alguma – embora possa haver convergência.

Querem um exemplo preciso do momento em que Locke passa a subverter Hobbes, em vez de limitar-se a "corrigi-lo"? Para Hobbes, é a reaparição do "gládio privado", a anarquia, que marca a dissolução do corpo político. Para Locke, ao contrário, a união civil deixa de existir quando o cidadão é privado de todo recurso que possa decidir o diferendo que o opõe ao poder. Em outras palavras, para ele há incompatibilidade entre *monarquia absoluta e sociedade civil*: o súdito, frente ao soberano absoluto, se recoloca no estado de natureza, isto é, no estado "em que os homens não conhecem juiz comum a quem possam recorrer, para que decida acerca dos litígios jurídicos que os opõem". Em suma, num pensador, medo da anarquia; no outro, medo do despotismo.

O que serve de índice para duas análises diferentes da noção de *poder*. Locke não mais considera o poder como o *núcleo político do social*: trata-se, simplesmente, de uma instância que exerce uma função social determinada. E o que se deve temer, acima de tudo, é que o poder ultrapasse esta função, e que os súditos fiquem privados de recurso contra ele. Está, portanto, no *abuso de poder* o maior risco de ruína para o corpo político. E, observa Locke, Hobbes se enganava ao sustentar que todos os males que o poder é capaz de causar nada são, comparados com a volta ao estado de natureza. É o inverso que é verdade: o estado de natureza é preferível a um poder que me deixa juridicamente desarmado contra ele. "O indivíduo que se vê exposto ao poder arbitrário de um único homem que tem cem mil outros a suas ordens encontra-se numa situação muito pior do que aquele que está exposto ao poder arbitrário de cem mil homens isolados" (seção 137). Entre os "trombadinhas" e a polícia do tirano, Locke prefere os "trombadinhas".

Assim, não há dúvida de que a cidade de Locke continua a ser determinada pela presença central de um poder – mas este está subordinado, estritamente, à tarefa que lhe incumbe. O Estado que garante os direitos dos proprietários não pode ser um Estado absolutamente soberano, *enquanto cumpre esta função*. Este é um dos axiomas políticos que se pode retirar de Locke. E, sob esta forma, o axioma não é de modo algum contraditado pela existência de todas as ditaduras que garantiram os interesses dos proprietários, ou de certos proprietários: se é verdade que o nazismo chegou ao poder ajudado pelos industriais do Ruhr (alguns dos quais, por sinal, logo se arrependeriam de tal apoio), é contudo impossível *definir* o nazismo como o instrumento deles. Um poder absoluto pode combinar-se com a proteção de interesses econômicos: isto não quer dizer que baste este único traço para determinar a sua essência.

O poder que é necessário para a sociedade de mercado é, assim, *localizado* por Locke. Como diz J. Habermas, trata-se de "uma instituição *complementar* às trocas do mercado, que se regulam por si próprias". Com o Estado constitucional burguês delineado por Locke, "as relações de produção podem prescindir de uma dominação tradicional"; podem prescindir de uma legitimação "vinda de cima". Nesta representação, o poder é o que *deixa* funcionar a sociedade, não o que a *faz* funcionar. – Esta é apenas (talvez alguém diga) uma representação justificadora, que tenta dissimular (e dissimular a seus próprios olhos) que o poder burguês se reduz a uma dominação de classe... Os que defendem esta tese devem fornecer a prova do que afirmam. Pois é fato que a dominação "burguesa" não criou o poder codificado pela Soberania: ela o reutilizou, o mais das vezes restringindo-o. Nada permite afirmar, sem uma demonstração, que exista coincidência entre o *poder político criado pela modernidade* e a d*ominação de classe da burguesia*.

É o que nos recorda Bertrand de Jouvenel no seu livro *Do Poder*, especialmente quando analisa o poder como "agressor da ordem social". Mostra que um poder de Estado teve menos vezes a vocação de colaborar com tal classe ou qual grupo de interesses, que a de destruir a força das autoridades sociais que forma uma barreira entre ele e os seus súditos. O poder pode defender privilégios, mas, por questão de princípio, não aprecia os privilegiados: a "pólis" antiga constitui-se contra a organização gentílica; as monarquias ocidentais sapam a "célula senhorial" e abatem o poderio dos senhores feudais (foi assim que Tocqueville pôde mostrar de que modo a Revolução Francesa prosseguira e amplificara a obra centralizadora de Richelieu e Luís XIV). Não que um poder estatal vise a limitar ou suprimir, de *forma absoluta*, os privilégios: visa, mais exatamente, a reconstituir as aristocracias a partir de si próprio, a ser o distribuidor dos monopólios. Em suma: não, precisamente, garantir a continuidade de uma dominação de classe, mas fazer com que esta se exerça em seu proveito.

Observaremos, por sinal, que Engels – que possuía um bom faro sociológico – aproxima-se muito desta tese, na *Origem da Família*. Em todo caso, as suas análises matizam consideravelmente o *slogan*, tão famoso quanto simplista, segundo o qual "O Estado é apenas o biombo da classe dominante". O Estado, diz Engels, "é via de regra o Estado da classe mais poderosa economicamente". Mas esta regra sofre exceções: há períodos em que o Estado, fiel das classes em luta, "conserva, por um tempo, uma certa independência frente a elas". E Engels toma como exemplos a monarquia absoluta da era clássica, na França, que "mantém a balança equilibrada entre nobreza e burguesia", e o Segundo Império francês (Napoleão III), que "lançava a burguesia contra o proletariado, e o proletariado contra a burguesia". Se assim for, então o que é o Estado? Resposta de Engels: "um poder nascido da sociedade, mas que se coloca acima dela, e se lhe torna cada vez mais estranho". Vale dizer que o Estado não é, automaticamente, a marionete da "classe dominante", e que é preciso reconhecer que a instância do poder político possui uma *especificidade*.

É o que nos propõe, também, Jürgen Habermas (pouco suspeito de antimarxismo sistemático: é o continuador da Escola de Frankfurt), quando critica as tentativas que são feitas, sem se proceder a uma revisão do esquema marxista "clássico", para compreender as mudanças de função havidas no Estado do século XX. O que dizem, em linhas gerais, os marxistas "ortodoxos"? Que, enquanto o Estado liberal se limitava a assegurar a regulação do mercado, o atual Estado intervencionista tende a ocupar o lugar do mercado nos pontos em que "este não é mais capaz, por sua própria dinâmica, de tornar possível a continuidade de um processo de acumulação". *Isto ainda não é suficiente*, retruca Habermas – ainda se desconhece em que medida a crescente substituição do mercado pelo Estado altera a estrutura sociopolítica. Basta prestarmos atenção aos meios pelos quais o Estado, nos grandes países capitalistas, intervém no jogo econômico (subsídios aos setores ameaçados, "encargos sociais" para atender às "exigências voltadas para os valores de uso" etc.), para percebermos que o Estado faz mais do que substituir a economia de mercado onde ela desfalece. Já não visa apenas a manter o sistema de mercado, *ou sequer* a corrigir as suas disfunções: deve manter o *consenso social*, sem o qual o sistema não poderia mais funcionar (especialmente em tempo de crise). E, por isso, a ação do Estado, diz Habermas, não é mais um mero complemento da economia de mercado, nem mesmo sua válvula de segurança: "O Estado deve garantir ao mesmo tempo a lealdade das massas no quadro da democracia formal", e "as funções de integração social são *novamente confiadas ao sistema político*". Em *Técnica e Ciência como Ideologia*, é impressionante o que diz Habermas: "O quadro institucional da sociedade já não coincide diretamente com as relações de produção... O Estado e a sociedade não mantêm mais o tipo de relações que a teoria marxista definira como sendo superestrutura/base... não é mais possível criticar o sistema de dominação atacando apenas, *diretamente*, as relações de produção." O que o século XX deveria, assim, ter-nos ensinado, é que *o Estado não pode mais ser considerado como o guarda de uma ordem cujo desenvolvimento é exterior a ele.*

Acreditar que o Estado político só possa ser a proteção de uma sociedade civil apolítica, é confiar demais na representação lockiana do Estado (e honrá-la demais). Acreditar que o poder político seja apenas o cão de guarda de uma classe, é subestimar todos os recursos de que pode dispor este poder, não somente para garantir o seu controle sobre a sociedade civil, como ainda para modelá-la e organizá-la. E o que manifesta o advento, no século XX, do que Habermas chama de *Sozialstaat*, de Estado essencialmente intervencionista, "que já não se apoia *simplesmente* na base natural de uma economia fundada na propriedade". Neste Estado, os direitos do homem são postos cada vez menos como esfera da autonomia privada, como limites sagrados frente à interferência do poder. Estipuladas e determinadas, as "liberdades" são recriadas juridicamente. Assim reposta pelo Estado, a sociedade civil aparece, cada vez mais abertamente, como *repolitizada*.

Estamos longe do tempo em que Marx zombava de Hegel, por este haver pretendido forjar fantasticamente um *cidadão* que seria irmão do cidadão antigo. Não é mais verdade que o Cidadão seja apenas um ente de razão jurídico, o fantasma de um homem concreto: antes de ser João ou José, você é portador de uma cédula de identidade, de uma carteira de trabalho etc... – documentos que qualquer empregador, ou qualquer representante da autoridade, pode solicitar a todo momento. E quase todos os dias que vocês são forçados a dizer sua senha de *cidadãos*.

"Belos cidadãos que somos", dirão vocês, "excluídos de toda participação política... ". Mas prestem atenção: não quero dizer que "cidadão", no século XX, seja o equivalente de "cidadão ateniense". Cidadãos enquanto partícipes do poder, os eleitores de Reagan ou Giscard o são apenas pouco mais que vocês (sem falar nos eleitores de Brejnev). A verdade é que, em toda parte, "cidadão" quer menos e menos dizer "indivíduo político enquanto participante do poder", e cada vez mais "indivíduo político enquanto *codificado pelo poder, determinado*

inteiramente por ele, produzido por ele". E por isso que a *repolitização* da sociedade não é, absolutamente, incompatível com o apolitismo dos indivíduos, entendendo por isso a sua exclusão (por princípio ou de fato – pouco importa) da esfera das decisões políticas. Assim, nunca estivemos em melhores condições para compreender como são pertinentes as análises de Hobbes – e, também, como o "Estado liberal" foi uma contrafação do modelo hobbesiano.

* * *

Sem dúvida. à primeira vista somos tentados a dar razão a Leo Strauss, o grande comentador de Hobbes, quando o apresenta como o "pai do liberalismo". Já não é "liberal", de espírito, a dissociação que Hobbes estabelecia entre a *lei* (*lex*) e o *direito* (*jus*)? "Confunde-se muitas vezes *lex* com *jus*... e contudo dificilmente haverá duas palavras que sejam mais contraditórias. Pois o *direito* é a liberdade que nos é deixada pela lei – e as *leis* são as restrições que estabelecemos por acordo comum, para restringir as nossas liberdades recíprocas" (*Elements of Law*, II, 9). – "A *lei* e o direito diferem exatamente como a *obrigação* e a *liberdade*, que não poderiam coincidir num único e mesmo ponto" (*Leviatã*, capo 14). Assim, a lei civil é apenas a restrição do "direito de todo homem a toda coisa, no estado de natureza". "a atividade legislativa não é outra coisa senão esta restrição... a lei não foi trazida ao mundo para nada mais, a não ser limitar a liberdade natural dos indivíduos" (*Leviatã*, cap. 26).

Trocar a garantia da minha paz e da minha segurança pela aceitação das obrigações legais... Até aqui, Hobbes parece efetivamente ser o fundador da "visão do mundo" liberal. Até percebermos (por exemplo, no capítulo 21 do *Leviatã*) que as leis civis têm menos o papel de reprimir que o de *apagar quase completamente esta liberdade natural*, "a única que pode ser propriamente chamada de liberdade", A palavra muda de sentido quando Hobbes passa à "liberdade dos súditos". Que sentido pode ter, exatamente, esta liberdade? Seria o fato de estar isento das leis? Então seria o mesmo que pedir a "liberdade" de estar sujeito à agressão de todos os outros." "E contudo, por absurdo que isto seja, é o que pedem os homens."

A estes insensatos, Hobbes vai portanto ensinar em que consiste "a verdadeira liberdade dos súditos", isto é, em que pontos um súdito pode, sem *cometer injustiça*, recusar a obediência. Esta "verdadeira liberdade" aparece nos casos-limite quando a instituição, ao pôr minha vida em perigo, já não atende mais, no que me diz respeito, à sua destinação racional. Mas, enquanto minha vida não estiver ameaçada, é regra a submissão absoluta à legislação, por invasora que esta seja, pois não compete a mim, mas ao Soberano, decidir acerca do alcance dos meios requeridos para a proteção dos súditos. *Salvo o direito de conservarem suas vidas, os homens não têm liberdade essencial que o Estado seja obrigado a respeitar.*

Resta, deve-se dizer, que os homens podem valer-se da sua liberdade natural nas lacunas da legislação, nos pontos que "dependem do silêncio da lei": comprar, vender, contratar, escolher a residência, a profissão, a educação dos filhos... Mas esta margem de liberdade é pouco apropriada a satisfazer o burguês liberal: é excessivamente variável e frágil, "em algumas épocas maior e noutras menor, conforme os que detêm a soberania consideram mais conveniente". Nada, portanto, anunciaria em Hobbes "as garantias concedidas pelas instituições aos gozos privados", de que falará, no século XIX, Benjamin Constant, apóstolo do liberalismo. E seria absurdo, ao ver de Hobbes, exigir que a jurisdição da Soberania se detenha onde começam a independência e a existência individuais.

Vejamos em que Hobbes anuncia a "politização" moderna, evocada por Habermas: a única coisa que o Estado tem a garantir aos súditos é a segurança deles, e as liberdades dos súditos só podem ser as tolerâncias, sempre sujeitas a revisão, que a instituição outorga. Seguramente os liberais como seus irmãos menores, os libertários – não poderiam conceder isso a Hobbes. Em contrapartida, os racionalistas (Rousseau, Kant, Hegel) praticamente se limitaram a *transpor* o esquema de Hobbes, ainda que tenham criticado – às vezes asperamente – o seu "sistema despótico". Sem dúvida, para Kant e Hegel, não é mais tarefa do Estado salvaguardar a segurança material do cidadão acima de todas as coisas. Torna-se mais nobre o papel do poder político: compete-lhe organizar o meio em que desabrochará a "liberdade" do sujeito racional. Mas, nesta medida, o poder continua sendo pensado como a instância encarregada de limitar, romper ou mesmo desarraigar o *arbítrio* dos indivíduos. Também aí, o fim do poder é conquistar a sociedade, é politizá-la – sorrateira e invisivelmente. Nosso século parece confirmar como estavam bem fundadas estas análises.

Quer dizer que Hobbes e os seus sucessores foram os precursores do totalitarismo? É certo que não. Afirmá-lo é um erro enorme. Deixemos a Karl Popper a incumbência de detectar um Hegel totalitário e pré-fascista (neste livro incrivelmente ruim, e curiosamente levado a sério por alguns bons espíritos, que se chama *A Sociedade Aberta e Seus Inimigos*). O totalitarismo é um modo de poder que exige (ou supõe) a integração total do sujeito/súdito no Estado, a sua total adesão à religião (ou à ideologia) estatal, o pagamento de toda fronteira existente entre Estado e sociedade civil. O que, certamente, não é o que propõem os teóricos clássicos do Estado: se o

Estado hegeliano é fundador da sociedade, ele não pretende *absorvê-la*. Deixa-lhe a sua autonomia aparente – e é em surdina que ele prefere manipulá-la (nada mais ridículo do que o mito de Hegel apologista do despotismo: muito ao contrário, a *Filosofia do Direito* serviu de alvo aos juristas reacionários).

O poder precisa da soberania quando não mais se limita a arrecadar o imposto e a recrutar soldados, e deve organizar a sociedade. É por isso que, embora Michel Foucault considere as teorias da Soberania formas ainda rudimentares da concepção do poder, penso que as suas análises do *poder invasor* e *insidioso* remetem a um estado de coisas que Hobbes e Hegel teriam tido, perfeitamente, condições de compreender. O que Foucault descreve é o triunfo do Leviatã, é o aperfeiçoamento do Estado hegeliano.

Existem meios eficazes de nos opormos a esta invasão de nossas vidas pelo poder? De resistirmos a esta integração numa cidade onde obedecemos cega e, sobretudo, inconscientemente? É este o desejo, hoje em dia, dos libertários. Foi, ontem, o dos burgueses liberais. Sem dúvida, esta atitude é simpática. Mas vamos ver que as coisas não são tão simples assim.

A COMÉDIA LIBERAL

O liberalismo do século XIX enraiza-se numa crítica à noção de *soberania* (Hobbes, Rousseau) e aos excessos a que esta pode conduzir. Encontramos uma das melhores expressões desta forma de pensamento na obra do escritor e teórico político francês Benjamin Constant.

Como Rousseau, B. Constant pensa que a "vontade geral" é a única fonte *legítima* da autoridade dos governos. Falta, porém, acrescenta ele, "definir exatamente" o que se deve entender por *soberania* – e, especialmente, por soberania do povo. Falta, ainda, determinar até *onde* deve exercer-se o poder.

Por ódio aos tiranos, Rousseau "dirigiu-se contra os detentores do 'poder, e não contra o *próprio poder*". Concentrou a sua reflexão neste ponto: quem deve ser depositário da força? E assim negligenciou esta outra questão, tão essencial quanto a primeira: que *"grau de força"* deve-se deixar ao Soberano, seja ele quem for? A este respeito, Rousseau, teórico da soberania *absoluta*, reparte o erro de Hobbes: o Soberano tem o direito *absoluto* de castigar, de declarar a guerra, de legislar etc... Ora, será o interesse dos cidadãos sempre compatível com este arbítrio?

Ao colocar esta pergunta, o liberalismo é levado a introduzir dois corretivos consideráveis na teoria da soberania:

1) recusa a doutrina *voluntarista* da soberania. – Rosseau sustentava que a "vontade geral", se não for perturbada pelas facções e pelos *lobbies*, será "sempre reta e tendente sempre ao interesse público". Deixem que a "vontade geral" se exerça em estado puro: ela só almejará o seu bem. A sua vontade decisória é, portanto, a medida da verdade – e os seus decretos, por uma questão de princípio, são sempre justos. O liberal é mais desconfiado, e o que mais o preocupa, dentro do espírito de Locke, são instituições que tornem "o povo" *juiz* dos seus mandatários;

2) o liberalismo igualmente recusa o dilema entre *soberania absoluta ou anarquia*. Não pensa que os

particulares, enquanto tais, tenham forçosamente interesses distintos do interesse público – e rejeita a tese hobbesiana segundo a qual, na falta do Soberano, não existiria povo propriamente dito, mas apenas uma multidão atomizada. A isso, o liberal responde que existe uma socialidade fora da esfera política. Assim, é normal que o povo possua uma existência distinta da do poder legislativo. Também é normal que detenha a faculdade de certificar-se de que o poder legislativo esteja sendo exercido, efetivamente, em vista do bem público.

Em outros termos: a) se existe uma socialidade natural; e b) se a comunidade política não resulta de uma desnaturação — então o poder, por indispensável que seja, nunca é mais que uma *função*, cujo bom ou mau desempenho compete aos governados avaliar. Voltamos, portanto, ao universo de Locke: é impensável que uma autoridade política possa prejudicar os direitos naturais dos seus súditos. Os homens, é verdade, pedem ao Estado a segurança – mas não são tão malvados nem tão ferozes para que esta autoridade deva necessariamente exercer-se sob o modo da soberania ilimitada. E, por isso, é preciso pensar uma relação entre a sociedade civil e o Estado que não seja antagônica ou repressiva por natureza.

O sentido do poder não será mais manter de rédea curta os interesses particulares, ou reprimir um frenesi natural sempre a ponto de irromper. Para bem marcá-lo, digamos, com Benjamin Constant, "que existem objetos (liberdade individual, liberdade religiosa, liberdade de opinião, gozo da propriedade) acerca dos quais o legislador não tem o direito de fazer leis". O que equivale a dizer que "*a soberania é limitada*, e que há vontades que nem o povo nem os seus delegados têm direito a ter ... ". "Comecem reconhecendo esta limitação salutar: vocês não terão mais nada a temer do despotismo." Vocês assim constituem o poder de tal maneira que será *apenas um abrigo*, e *nunca um perigo*.

Preocupação de defender o "indivíduo" (burguês) contra o poder e os seus possíveis abusos ... É assim que se pode resumir o essencial do liberalismo? Cuidado, aqui, com a palavra *indivíduo*: este pavilhão pode abrigar. mercadorias muito diferentes. Quem é mais individualista que Rousseau? Mas o indivíduo natural segundo Rousseau é um ser solitário, pronto para entrar em hostilidades, e sem nenhum dom para a troca e a comunicação. E é por isso que a sua liberdade (isto é, a certeza de que não lhe farão mal, desde que ele não faça mal a outrem) só poderá ser-lhe garantida pelo exercício da soberania popular absoluta. É este mesmo indivíduo que o liberalismo dos liberais assume como tarefa proteger? De forma alguma. Será o indivíduo *natural*, o *homo oeconomicus pré-político*. A liberdade reivindicada pelo liberal não é a austera liberdade do Cidadão rousseauísta, *mediatizada pelo Estado*; é a preservação da minha esfera privada *contra as ingerências do poder*. Não é uma liberdade individual metafísica que interessa ao liberal, mas a independência da sociedade civil, considerada como uma pessoa adulta e racional. Escutemos, a este respeito, os profetas do liberalismo.

Adam Smith, fundador da economia política: "O sistema simples da *liberdade natural* apresenta-se por si próprio e encontra-se plenamente estabelecido. Todo homem, enquanto não infringe as leis da justiça, conserva-se inteiramente livre para seguir o caminho que lhe aponta o seu interesse, e para levar onde quiser a sua indústria e o seu capital, conjuntamente com os de qualquer outro homem, ou de qualquer outra classe de homens" (1776). Jean-Baptiste Say, economista francês: "O estado de saúde da indústria e da riqueza é o estado de *liberdade*, é o estado em que os interesses se protegem a si próprios. A autoridade pública só é útil para protegê-los contra a violência" (1841). E, sobretudo, que esta autoridade não vá além desse papel; que seja *estritamente* reduzida ao seu papel de fiadora da antidesordem...

"Bem sei, escreve o mesmo Jean-Baptiste Say, que a manutenção da ordem social, que garante a .propriedade, vem antes mesmo da propriedade; mas a conservação da ordem não deve servir de pretexto aos abusos do poder, nem deve a subordinação fazer nascer o privilégio. A indústria precisa de garantias contra tais abusos, e nunca a vemos adquirir um autêntico desenvolvimento nos lugares que mo governados por uma autoridade que não conhece contrapeso".

Notem bem: muitos historiadores modernos do desenvolvimento econômico ocidental dão razão a J. B. Say. Basta compararmos a evolução econômica, no século XVIII, de um país sob *monarquia limitada* (a Inglaterra) e outro sob a *monarquia absoluta* (a França), para sabermos de que lado se encontram as condições mais propícias para o crescimento. Este foi favorecido pelo fato de que a monarquia inglesa (desde 1624) viu-se privada do direito de vender monopólios; de que, desde 1688, o poder régio, controlado pelo Parlamento e pelo poder judiciário, não teve mais a liberdade de definir arbitrariamente os direitos de propriedade ou de determinar a seu bel-prazer a carga fiscal. Igualmente é preciso constatar que, na Holanda como na Itália do Norte, o desenvolvimento precoce do capitalismo acha-se favorecido pela ausência de um Estado absolutista e centralizado "à francesa".

Parece regra geral que o crescimento econômico se tenha dado em função da liberdade deixada aos particulares pelo aparelho político – parece existir um vínculo entre a estagnação econômica e o fato de que a função pública mobilize uma parte mais ampla da população.

O desenvolvimento supôs uma relativa frouxidão do aparelho político e uma limitação da sua importância social. Nada seria mais contestável, por conseguinte, do que uma tese segundo a qual, do século XVII ao XIX, o interesse do Estado e o interesse dos capitalistas teriam convergido automaticamente. E já bastaria a verdadeira obsessão *antiestatal* dos liberais do século XIX para nos obrigar a desconfiar dos fundamentos desta tese.

Mas a verdade é que, ao tornar-se predominante, a economia de mercado precisa de um *poder* capaz de manter as condições do seu funcionamento natural. Porém, esta função é considerada como sendo puramente *negativa*: do ponto de vista dos atores sociais, o mando político é uma *tarefa subalterna*... O liberalismo adota plenamente este preconceito. Também ele, assim como Saint-Simon, assim como os socialistas "utópicos", lança descrédito sobre a ideia de *poder enquanto* mando. Daí este "estado permanente de desconfiança e hostilidade defensiva frente ao poder" que assinala, e critica, Auguste Comte no seu *Sistema de Política Positiva*.

"O governo, escreve ele, que em todo estado regular de coisas é a cabeça da sociedade, o guia e agente da ação geral, é sistematicamente despojado por essas doutrinas de todo princípio de atividade. Privado de toda participação significativa na vida de conjunto do corpo social, é reduzido a um *papel absolutamente negativo*. A ação do corpo social sobre os seus membros é até mesmo vista como devendo limitar-se estritamente à manutenção da tranquilidade pública – o que, em toda sociedade ativa, nunca pôde ser mais que um objeto *subalterno*... "

A filosofia liberal fundava-se numa análise histórica justa. Mas, subestimando *em absoluto* o papel do poder estatal, foi levada a conclusões que hoje, no século XX, parecem-nos fantásticas (tão fantásticas quanto as predições marxistas relativas ao fim do Estado). Como não sorrir, hoje, das visões do porvir que tinham bons espíritos como os filósofos Stuart Mill e Spencer? Em 1861, Stuart Mill garantia que "as funções relativas ao governo são coisa muito mais vasta num povo atrasado do que num povo adiantado". Conclusão: o "progresso" só poderá adelgaçar as funções do Estado, este resquício arcaico, até a sua completa extinção... O "fim do Estado" é uma das manias do século XIX.

O autor destas linhas – já se terá percebido – não manifesta excessiva ternura pelo marxismo. Por isso mesmo, faz questão absoluta de frisar como o liberalismo clássico lhe parece ter sido uma posição insustentável, já no próprio século XIX. A principal acusação que lhe deve ser feita não é, em nossa opinião, a que é mais difundida. É verdade que o liberalismo só exaltou as liberdades civis na medida em que elas constituem os corolários da sacrossanta liberdade de propriedade (é o que J. B. Say diz expressamente). Também é verdade que, segundo ele, o cidadão só pode ser o proprietário. Que "só a propriedade torne os homens capazes do exercício dos direitos políticos", era um axioma meridianamente claro para Benjamin Constant, para Guizot etc... Esta posição pode, sem dúvida, indignar. Mas, pelo menos, não é contraditória. Em compensação, há um ponto no qual o liberal peca por incoerência.

Ele vilipendia o poder. Considera-o como o vil herdeiro da era militar passada. Contudo, admite que é indispensável mantê-lo, pelo menos por enquanto, como válvula de segurança da economia de mercado. Encara-o como uma ameaça potencial, mas, ao mesmo tempo, como uma necessária instância protetora. Anatole France dizia que a República é o melhor de todos os regimes, "porque governa pouco". Poderia ser este o programa político do liberal, enquanto "cidadão contra os poderes" – sob a condição de acrescentar-se que este "pouco poder" é, contudo, indispensável...

O liberal, como se vê, é um homem de quem ter pena, porque está às voltas com um problema insolúvel: determinar até que ponto pode serrar o galho no qual está sentado, sem correr o risco de quebrá-lo. É também, por princípio, um cidadão insatisfeito. Que escureça o horizonte social, que cresça o espectro do "socialismo" – e ele se torna partidário de um "regime forte". Que este se instale, suprima as liberdades civis e se interesse de muito perto pelo funcionamento da economia – o liberal espuma de indignação e volta a ser homem de esquerda. Ou de centro-esquerda.

Uma posição tão incômoda bem poderia decorrer de uma ilusão fundamental. Esta me parece consistir num profundo desconhecimento da relação moderna entre o social e o político representada como um antagonismo entre os indivíduos, *por um lado*, e o poder enquanto mando, *por outro*. Como uma partida que opõe dois times. Se, espontaneamente, o leitor assim pensa a coisa política, não tenha dúvidas: ele é liberal... sem o saber. É melhor que feche Marx, Lênin e Trotsky – e vá logo consultar Benjamin Constant e Herbert Spencer, os seus verdadeiros pais espirituais.

Em que consiste tal ilusão? Um texto notável de Durkheim talvez nos ajude a detectá-la. Trata-se da crítica que ele faz, na *Divisão do Trabalho Social*, à análise do social elaborada por Herbert Spencer. Spencer sustenta que: a) com o desenvolvimento da "solidariedade industrial", "a esfera da ação social (isto é: do aparelho coercitivo) irá restringir-se cada vez mais"; b) o único vínculo que permanecerá entre os homens será a *troca*, regulada pela relação de *contrato*. Assim, a solidariedade social se reduzirá cada ma is ao *consenso* dos interesses, ao seu *acordo espontâneo*. Não poderia ser esta, objeta Durkheim, a solidariedade orgânica distintiva da modernidade. Não é esta. E é neste ponto que a sua análise se torna apaixonante.

1) Não nos deixemos enganar pelo abrandamento do direito repressivo (recuo da pena de morte etc...). E observemos que a dominação burocrática do Estado vai crescendo nas sociedades que *parecem* mais levar em conta os direitos do indivíduo. Spencer pretende que a sociedade nos diz cada vez menos: *Faça isso*; que ela se contenta em dizer: *Não faça aquilo*. Será assim tão certo? Por haver-se tornado mais insidiosa, a intervenção do poder terá diminuído? Examine-se, por exemplo, o aumento de sua ação reguladora nas relações de família: a família é "cada vez menos uma sociedade autônoma no seio da grande sociedade."

2) É falso pretender que diminua a importância das funções do Estado à medida que se desenvolve o "tipo industrial" de sociedade. A esfera da atividade individual pode crescer, e o poder estatal tornar-se menos absoluto; mas *crescendo também*. A questão não é, diz Durkheim, saber "se o poder coercitivo é mais intenso, ou menos", porém se o aparelho regulador de que dispõe o poder "se tornou mais volumoso, ou menos". E, a esse respeito, não há dúvida possível.

"A incumbência de zelar pela educação da juventude, de proteger a saúde geral, de presidir ao funcionamento da assistência pública, de administrar as vias de transporte e comunicação, pouco a pouco ingressa na esfera de ação do órgão central. Em consequência, este se desenvolve e, ao mesmo tempo, estende progressivamente a toda a superfície do território uma rede cada vez mais cerrada e complexa de ramificações, que substituem ou assimilam os órgãos locais preexistentes. Serviços de estatística mantêm-no informado de tudo o que acontece nas profundezas do organismo" (*Division du Travail Social*, p. 200).

Pode-se dizer, sem exagero, que estas linhas de Durkheim anunciam um dos principais temas que, recentemente, Michel Foucault desenvolveu em *Vigiar e Punir* e n' *A Vontade de Saber*: o poder moderno não é mais, essencialmente, uma instância repressiva e transcendente (o rei acima dos seus súditos, o Estado superior ao indivíduo), mas uma instância de controle, que *envolve o indivíduo mais do que o domina abertamente*. Podem diminuir as proibições, abolir-se a pena de morte, abrandar-se o regime das prisões etc... , porém o sistema *disciplinar*, a que nos vemos submetidos até em nossa vida privada, cresce, discreta mas continuamente. O Estado moderno é menos *abertamente dominador*, e mais *manipulador*; preocupa-se menos em reprimir a desobediência do que em preveni-la. É feito menos para *punir* do que para *disciplinar*. Isto, por sinal, foi admiravelmente percebido por Hegel – que descreveu na *Filosofia do Direito* os mecanismos de *integração* do indivíduo no Estado e cunhou a fórmula: *Der Staat ist eine List* (O Estado é uma astúcia).

O melhor que tenho a fazer, a este respeito, é citar algumas linhas da conclusão do livro de Philippe Meyer: "O que outrora foi perseguido ou penalizado – o divórcio, o aborto, a contracepção, a variedade, a mudança ou a mobilidade pé hoje considerado como desprovido de importância, ou como simples objeto de uma administração particular: na medida em que é o Estado que produz e gere as culturas e as 'artes de viver', os indivíduos desaparecem sob as funções delegadas, que eles exercem, mas que outro poderia exercer em seu lugar. O aborto é autorizado, não como um ato livremente decidido por uma mulher, mas como uma atividade cujos móveis devem estar incluídos num certo número de casos enumerados em lei... Diminui o número e a intensidade dos interditos e tabus na exata medida em que a sua transgressão pode ser administrada pelos poderes públicos... ". Como dizê-lo melhor?

Bem sei que estas análises são mais convincentes para um europeu do que para um sul-americano, o qual não tem tantas razões para considerar o Estado essencialmente repressivo como coisa do passado. Contudo, sejam quais forem as diferenças devidas às situações históricas e econômicas, não se pode negar a universalidade do fenômeno analisado – é verdade que sob ângulos muito diversos – por Hegel, Durkheim, Foucault... Excetuando-se os casos extremos, o poder estatal não pode ser definido como uma máquina monstruosa que, cinicamente, esmigalha os indivíduos: acima de tudo é uma máquina que *produz os indivíduos* e, dando-lhes "bons hábitos", *institui* ou tende cada vez mais a *instituir o social*.

Portanto, Durkheim tinha razão contra Spencer: não existe um adelgaçamento progressivo do poder nas sociedades "modernas" – mas uma *transformação* e um *crescimento* do poder. "O Poder, constituído para servir a sociedade, é na verdade o seu senhor. Ainda mais inconteste porque pretende emanar dela" (B. de Jouvenel, *Du Pouvoir*, p. 548).

* * *

Vocês compreendem melhor, agora, em que consiste a ilusão na qual assenta o liberalismo? Ele parte, simplesmente, de uma análise sumária e *fraudulenta* do problema político. Pretende reduzi-lo ao resultado de uma partida: "Indivíduo vs. Estado". Ora, trata-se de uma partida fraudada. Pois, afinal, o que é este "indivíduo"? De onde provém este átomo social zeloso por seus direitos? Ele *já* não foi fabricado, sorrateiramente, pelo poder? Pobres dos revolucionários românticos que não partem desse dado de fato! Pobres, também, das autocracias imbecis que não compreenderam ainda que o melhor meio de neutralizar os revolucionários não é prendê-los, mas transformá-los em funcionários...

Quer gostemos quer não, o crescente controle do Estado sobre as atividades individuais (o que não quer absolutamente dizer: totalitarismo) é um fenômeno que parece ser irreversível. Assim, tanto os partidários da "livre iniciativa" quanto os defensores do *homo oeconomicus* livre conduzem, hoje, uma guerra perdida de antemão. Isto já vale para as democracias "desenvolvidas". O que dizer, então, dos países nos quais uma parte da população não tem garantido sequer o mínimo vital? Neles, o único problema que se coloca é saber se a gestão capitalista será capaz de atender às exigências mínimas de uma "democracia social", ou se deverá ceder lugar ao marxismo-leninismo. Num caso como no outro, a estatização – relativa ou absoluta – aparece como um destino inevitável.

Ainda a esse respeito, Durkheim foi bom profeta ao escrever que não são "unicamente as classes inferiores" que aspiram ao controle do "aparelho político", mas também "O próprio Estado, que, à medida que a atividade econômica se torna um fator mais importante da vida geral, é levado pela força das coisas a cada vez mais vigiar e regular as suas manifestações". Muitos liberais, ainda hoje, não estão persuadidos desta verdade. E que continuam cultivando uma outra ilusão do século XIX: o *economicismo*, isto é, a crença de que o funcionamento econômico só pode ser um fator de regulação e estabilização da sociedade; a ignorância do fato de que, na verdade, a liberdade econômica pode tornar-se em brevíssimo prazo um fator profundamente perturbador do social, e por isso corre o risco de suscitar, enquanto reação, um poder que se encarregará de corrigir sistematicamente os desequilíbrios por ela produzidos. Um poder que se encarregará, especialmente, de propiciar aos cidadãos um mínimo de *segurança*.

A *segurança* em primeiro lugar: regressamos assim ao ideal político de Hobbes, à "odiosa filosofia" execrada pelos liberais do século XIX. Mas o que fazer? É o próprio jogo da liberdade econômica que acaba tornando cada vez mais profundamente necessária a intervenção do Estado. E isso em nome do *interesse público* – mesmo quando este é concebido à maneira de Benjamin Constant, a saber: "os interesses individuais colocados reciprocamente fora de condições de fazerem-se mal". O autor pensava em garantir o livre jogo da concorrência. Mas, se tomarmos esta definição ao *pé da letra*, não será evidente que uma indústria que foi privada de encomendas devido a uma crise internacional, ou trabalhadores privados de trabalho, representam "interesses individuais" lesados? E a quem podem dirigir-se, se não ao Estado, para obter, quer um subsídio, quer um salário-desemprego? Assim, à medida que o papel do econômico se torna mais invasor, e mais complexo o seu funcionamento, a tarefa do Estado passa a ser cada vez menos proteger a liberdade de alguns, e cada vez mais garantir a segurança do maior número. Por quê? Por generosidade? Por amor aos pobres? É óbvio que não: por simples instinto de conservação.

Que a "liberdade" ou "as liberdades" sejam aspirações fundamentais do animal humano, é uma tolice que devemos tirar da cabeça. O liberalismo do século XIX foi o grande responsável pela propagação deste mito. A verdade, como nota Bertrand de Jouvenel, é que a classe dirigente gozava no século XIX de uma segurança tão bem assentada que ela só podia desejar... a liberdade – e assim concedeu "às classes inferiores a liberdade que convinha a ela... enquanto lhes retirava os meios de proteção dos quais ela própria não necessitava" (*Du Pouvoir*, p. 560). Um exemplo: a greve, que durante muito tempo foi enquadrada como atentado à "liberdade de trabalho" ou como "ruptura unilateral de contrato". Uma tal gestão política, caso se mantivesse, só poderia ser suicida (entenda-se: uma tal gestão, onde ela se mantém, só pode ser suicida – é bom pôr os pingos nos ii). Por quê? Porque "a liberdade é apenas uma necessidade secundária, frente à necessidade primária de segurança" (*ibidem*, p. 550).

E a primazia desta necessidade de segurança foi evidenciada pelas grandes crises que abalaram este século. Quando o presidente Franklin Roosevelt, frente à "Grande Depressão" dos anos 1930, proclamou o seu empenho em fazer respeitar os *new human rights*, enunciou "direitos" que eram incompatíveis com o liberalismo clássico, fundado na livre disposição da propriedade: direito ao pleno emprego, direito a um salário constante, direito de os produtores venderem quantidades estáveis a um preço estável... Entre estes *new human rights*, que nenhum Estado responsável pode ignorar, e as liberdades dos liberais, *é preciso escolher*. Ninguém pode ser favorável à Previdência Social e ao salário-desemprego, e ao mesmo tempo continuar professando um ideal minimalista do Estado. É incoerente considerar legítimo o "protetorado social" – e ao mesmo tempo erguer-se contra o Estado--Moloch. (Esta incoerência é especificamente francesa: o francês médio é, por excelência, o ser que encaminha os filhos para o funcionalismo público e clama contra a burocracia e o fisco). Em suma, se vocês aceitam o que torna fatal a estatização, então deixem de bancar as belas almas.

"A maioria considera que o governo age mal – mas todos pensam que o governo deve agir sem parar e pôr a mão em tudo. Até os que se combatem mais asperamente não deixam de concordar neste ponto." Nossos *liberais*, assim como nossos *libertários*, teriam interesse em meditar acerca destas linhas de Tocqueville, antes de descreverem a proliferação do poder estatal como efeito de uma sorrateira vontade de potência. E esquecer que são os próprios governados, o mais das vezes, que forçam o Estado a colocar-se como instância tutelar e "providencial" – *por conseguinte*, como poder onipotente e onisciente.

O próprio Foucault nos parece sugerir este erro. Quando evoca os "direitos incompreensíveis para o sistema jurídico clássico" ("direito" à vida, à felicidade, ao corpo, à saúde, à satisfação das necessidades...), apresenta-os como reivindicações opostas pelos oprimidos aos "novos procedimentos do poder" (*Volonté de Savoir*, p. 191). Mas o que a história nos ensina é que estes direitos só podem ser satisfeitos à custa de *um crescimento do poder estatal*. Como analisar de outra forma, por exemplo, o socialismo sueco?

* * *

A expressão "mundo livre" sem dúvida tem um sentido quando a opomos a "mundo totalitário". Mas não nos enganemos: até mesmo nos países ditos "livres", do

Ocidente capitalista, a "liberdade" declina – tanto como realidade jurídica quanto como ideal político. E a visão premonitória de Tocqueville em 1840 está a caminho de realizar-se lentamente. Assistimos ao advento de um "novo despotismo, menos tirânico que administrativo". Liberal, mas "liberal de uma espécie inteiramente nova": Alexis de Tocqueville, na conclusão de sua obra-prima *A Democracia na América* (1835-1840), mostra-se um dos raros espíritos do século XIX a entrever o que poderia ser o século seguinte. Passemos-lhe a palavra:

"Após ter assim tomado em suas mãos poderosas cada indivíduo e após ter-lhes dado a forma que bem quis, o soberano estende os braços sobre toda a sociedade; cobre-lhe a superfície com' uma rede de pequenas regras complicadas, minuciosas e uniformes, através das quais os espíritos mais originais e as almas mais vigorosas não conseguiriam aparecer para sobressair na massa; não dobra as vontades, amolece-as, inclina-as e as dirige; raramente força a agir, mas opõe-se frequentemente à ação; não destrói, impede o nascimento; não tiraniza, atrapalha, comprime, enerva, arrefece, embota, reduz, enfim, cada nação a nada mais ser que uma manada de animais tímidos e industriosos, cujo pastor é o governo".

Como evitar que surja o "despotismo administrativo" numa democracia? Era esta a questão que seduzia Tocqueville – e que também se poderia enunciar da maneira seguinte: sob que condições a palavra *democracia* pode não ser um engodo? Como combinar as suas duas componentes – *demos* (povo) e *kratein* (exercer o poder) – de modo que nem uma nem outra (nem o "povo soberano" nem o poder) seja esvaziada do seu sentido? Há muitas chances de que o problema seja insolúvel, e de que a nossa época só nos permita escolher entre as oligarquias menos ruins. Mas, antes de aí chegarmos, ainda devemos denunciar algumas ilusões. A tarefa do filósofo não é incutir esperança, mas criticar os problemas que julga estarem mal situados.

O ÚLTIMO CHEFE

Passemos mais um momento, por favor, em companhia de Tocqueville. É ambígua a sua maneira de empregar a palavra *democracia*. O mais das vezes, designa o estado social caracterizado pela ausência de uma hierarquia de nobres (como nos Estados do Antigo Regime) e pela tendência a igualar as condições... De modo que se pode conceber tanto uma "tirania democrática" quanto uma "liberdade democrática". Mas, *politicamente*, Tocqueville recusa-se a chamar "democrático" um "governo absoluto em que o povo não tem nenhum papel nos negócios", ainda que "as leis sejam feitas de modo a favorecer, na medida do possível, o seu bem-estar".

Ora, o drama é que as sociedades democráticas correm um forte risco de secretar esse tipo de poder. O que eu mais receio no futuro, afirma Tocqueville, é a *omissão dos cidadãos* em favor de um poder tutelar – e o fato de que os representantes deste poder sejam eleitos pelo sufrágio universal não altera coisa nenhuma... Depois de renunciarem a todo poder político concreto, mesmo em pequena escala, como os homens ainda seriam capazes de tomar decisões políticas em grande escala?

A origem deste perigo é o *individualismo* que se desenvolve nas sociedades democráticas, e a tentação que por isso se oferece ao poder para que se valha do isolamento e da fraqueza dos indivíduos. O único remédio possível é a "liberdade política", entendida como a *participação efetiva* dos cidadãos nos negócios públicos. Só ela pode impedir a *atomização* do tecido social que favorece o despotismo – e que a filosofia política dos Modernos, desde Hobbes, toma como um dado de fato (neste ponto, Tocqueville encontra Hegel). Foi assim que os norte-americanos "venceram o individualismo que era gerado pela igualdade": conferindo, "a cada porção do território, uma vida política, a fim de multiplicar ao infinito as *ocasiões para os cidadãos agirem em conjunto*, e fazê-los sentir todos os dias que *dependem uns dos outros*".

O problema político moderno consiste, portanto, em reconstituir-se *artificialmente* a sociedade como uma *comunidade orgânica*, para assim entravar a propensão dos "povos democráticos" a esfarelarem-se em indivíduos, e impedi-los de deslizarem para a centralização político-administrativa. Em suma: impedi-los de seguirem o exemplo francês. É possível que a hipercentralização seja conveniente a um povo que foi educado politicamente por Richelieu, pelos jacobinos e por Napoleão; mas então, por favor, parem de nos falar em vocação democrática francesa, a pretexto de que os parisienses tomaram a Bastilha num dia de julho de 1789. É esta uma das maiores mistificações históricas que conheço – e constato que os alemães, a despeito dos racistas germanófobos, souberam adaptar-se sem nenhuma dificuldade aos costumes democráticos de estilo anglo-saxão...

Tocqueville limita-se a dar continuidade à inspiração liberal? De forma alguma. Os liberais preocupavam-se, antes de mais nada, com a independência dos agentes econômicos. Por isso, voltavam toda sua desconfiança contra o poder enquanto mando – na medida em que este ameaça entravar a iniciativa privada do indivíduo (não a sua iniciativa *política*), em que ameaça interferir na sua esfera de decisão *pessoal* (e não de decisão política). O que interessa ao liberal é que a sociedade civil possa cuidar tranquilamente dos seus negócios – e não que ela exerça uma função propriamente política.

A posição de Tocqueville é muito diferente. Em 1789, afirma, vocês destruíram a sociedade hierárquica. Muito bem. Mas, se vocês não substituírem a hierarquia pela associação, então a sua sociedade carecerá de força política – será inteiramente manipulável pelo poder. E, aos liberais clássicos, Tocqueville diz: vocês podem muito bem protestar contra as intervenções, tão evidentes, de um Estado centralizador; mas não veem que esse intervencionismo é suscitado pelo *vazio político* que se criou na sociedade.

É o que os legisladores americanos habilmente viram: que era preciso conferir à sociedade um poder de iniciativa política. Assim, o poder que um juiz tem, nos Estados Unidos, de declarar que uma lei é contrária à Constituição, torna-o portador de "um imenso poder político". Seria vão, acrescenta Tocqueville, procurar o equivalente de tais disposições na França, onde a possibilidade de questionar a vontade do legislador é praticamente negada à sociedade...

Em outras palavras, o mérito imenso da democracia política americana, segundo Tocqueville, é que ela se esforça por *combater aquilo mesmo que torna o poder infinitamente perigoso*. Não o fato de ele mandar – mas o fato de que pode tomar conta da sociedade. Não o fato de controlar – mas o fato de que pode privar os indivíduos de qualquer iniciativa política, e até do desejo de tomarem iniciativas. Desta maneira Tocqueville principia uma análise do poder político – da qual o mínimo a dizer é que é rara no século XIX.

Para a mentalidade corrente no século XIX, o *poder* – palavra quase inevitavelmente pejorativa – significa *mandar*. Não é tanto a faculdade de fazer cumprir as suas decisões: é a faculdade do bel-prazer. Este poder, uns propõem eliminá-lo simplesmente, outros submetê-lo a uma vigilância estrita – e todos concordam que o melhor seria substituí-lo por uma gestão científica, por uma administração, finalmente, racional. Leiam Saint-Simon (que talvez seja a fonte principal destas utopias). Aproxima-se o fim da *dominação política*, prediz ele; a organização científica da sociedade lhe sucederá. Uma vez livres dos atores políticos parasitas (reis, príncipes, magistrados, policiais etc...), os atores econômicos, os únicos sérios, tomarão as coisas em suas mãos. Será a vez dos "produtores" – isto é, dos "industriais" e da "classe laboriosa", misturados. Não riam demais: Marx, a este respeito, será apenas um Saint-Simon corrigido.

Ora, quem assim define levianamente o poder político *apenas pelo mando*, pela opressão brutal, deixa de perguntar se porventura este poder político – ainda mais desdenhado que execrado – não disporia de outros recursos, de estratégias mais requintadas para investir a sociedade... É isto o que Tocqueville, ao contrário, percebeu genialmente – enquanto a maior parte dos seus contemporâneos pensava que seria relativamente fácil liquidar um poder político que haviam definido da maneira mais superficial possível. Desta forma, não só tornavam possível o "novo despotismo", mas alguns, entusiasmados, até iriam trabalhar pelo seu advento – *sem o saberem*.

É óbvio que estou me referindo aos socialistas. Mas insisto: *sem o saberem*. Pois considero inteiramente estúpido pretender – como faz tanto a nova esquerda quanto a velha direita – que Marx tenha sido um feroz partidário do Estado, o maquiavélico fabricante do Gulag etc... Deste ponto de vista, é *outra coisa, muito diferente*, que deve ser criticada em Marx (como em seus contemporâneos): é haver desconhecido a essência e a amplidão do *fenômeno político* e, por conseguinte, do *poder político* – e, por isso, haver acreditado piamente que, uma vez quebrada a velha máquina de dominação, já meio arcaica, que tinha ante os olhos, adviria sem muitas dificuldades o reino da liberdade...

Notem bem: esta ilusão era nutrida por *um diagnóstico extremamente justo*. Marx era sensível ao fato de que o velho aparelho de poder, mesmo depois de remendado pela burguesia conquistadora, continuava incapaz de enfrentar a mudança socioeconômica que se anunciava. Impressionava-o a desproporção entre o alcance do poder técnico e a precariedade do quadro institucional – mero instrumento de dominação para o dia a dia, cada vez mais anacrônico. Como diz muito bem Jürgen Habermas, "O objetivo de sua crítica era transformar a adaptação secundária do quadro institucional (ao crescimento econômico) *em uma adaptação ativa*, e também obter o controle sobre a evolução estrutural da sociedade" (*Théorie et Pratique*, 11, p. 130). Só então os homens farão a sua história com plena consciência e vontade...

O que Marx não viu, é que este controle sobre as condições de produção poderia perfeitamente ser exercido... por um SuperEstado. Por que então não viu uma coisa que, hoje, nos parece tão óbvia?. Neste ponto que intervém – uma vez mais – um dos principais preconceitos do século XIX: *a subestimação do político*. Marx reduzia o poder político a uma instância opressora, encarregada de manter as condições de funcionamento de um sistema de produção anárquico acoplado a um sistema de distribuição iníquo. Assim, parecia-lhe evidente que, uma vez suprimida radicalmente a *desordem, o guarda da desordem* não teria mais condições de reaparecer... Em outras palavras: que a instituição da propriedade coletiva dos meios de produção suprimiria, *ipso facto*, a instância do Estado, para só deixar lugar a um problema técnico de planejamento. Como se uma certa organização da produção e da repartição dos recursos, por melhor que fosse, pudesse algum dia suprimir *o problema propriamente político*, a saber: fiquem governa, como são recrutados os governantes, como o poder é exercido, qual é a relação entre governantes e governados" (Raymond Aron, *Étapes de la Pensée Sociologique*, p. 199). Parece-me que foi porque o marxismo teórico do século XIX tornou fútil a ideia do poder político, que o marxismo prático do século XX se viu capaz de transformar o poder político na excrescência que se conhece.

Poderíamos dar muitos exemplos desta despreocupação pelo problema do poder. É o caso da oposição, abstrata para não dizermos outra coisa, entre *aparelho de Estado* e *centralização*, que encontramos no *Dezoito Brumário* de Marx: "A centralização política de que necessita a sociedade moderna só pode erguer-se sobre as ruínas do aparelho governamental, militar e burocrático... A destruição do aparelho de Estado não porá em perigo a centralização." Mas *quem* efetuará esta centralização? Que mecanismo *político* ela implicará? Mistério.

Esta distinção entre boa *centralização* e mau *aparelho de Estado* é retomada por Lênin. Vejam-se estas linhas, que nos permitem adivinhar o que será, substituindo o "Estado opressor", a organização racional – que por sinal já existe em embrião no Estado capitalista: "Além do aparelho *opressor* por excelência (exército permanente, polícia, funcionários), existe no Estado contemporâneo um aparelho muito intimamente ligado aos bancos e cartéis, e que efetua um vasto trabalho de estatística e registro. Este aparelho não pode nem deve ser destruído. A sua submissão aos capitalistas deve terminar... ele deve ser submetido aos sovietes... Os grandes bancos constituem *o aparelho de Estado* de que necessitamos para construirmos o socialismo, e que tomamos, *já pronto*, do capitalismo". Ora, é tão inocente este legado técnico que se pretende herdar do Estado burguês? Ele já não conteria a própria essência do "poder opressor"?

Como também são cegos à *autonomia da ordem política*, os "revisionistas" não se mostram mais clarividentes. Uma vez depurado dos seus elementos "opressores" e "arcaicos", pensam eles, o Estado tal como existe será um excelente instrumento posto à disposição do socialismo. E o que professam Bernstein, a partir de 1898, e Kautsky, a partir de 1917. Vejamos as coisas de frente, dizem eles: o capitalismo aprendeu a resistir às crises, proletarização não é sinônimo de pauperização, e, finalmente, as instituições burguesas cada vez mais fornecem ao proletariado meios de intervenção política, até mesmo a esperança de acesso ao poder. Assim, por que deveria o Estado continuar sendo o defensor dos privilegiados? Por que não deveria ele, pelo simples jogo do sufrágio universal e das conquistas sindicais, tornar-se um Estado "democrático", no qual desapareceria a dominação de classe?

Desnecessário dizer quanto os "ortodoxos" amaldiçoam essa tese (embora Engels a tenha defendido abertamente no fim de sua vida, em textos sobre os quais habitualmente se joga um véu pudico). Mas é só a despreocupação política que ora me interessa. O que diz Kautsky? Que, no dia em que "organizações pertencentes à classe operária" forem *colocadas no lugar* dos capitalistas e preencherem as mesmas funções que estes ("tão bem quanto eles, se não melhor"), o Estado democrático, que já existe em embrião, finalmente tomará forma. O mal não reside, portanto, no aparelho governamental, mas no egoísmo dos proprietários que nele se instalaram.

"O Estado democrático moderno distingue-se dos precedentes porque a utilização do aparelho governamental pelas classes exploradoras não pertence a sua essência, não é inseparável desta. Ao contrário, o Estado democrático tende a não ser o órgão de uma minoria, como acontecia com os regimes precedentes, mas o da maioria da população, isto é, das classes laboriosas. Se é, contudo, o órgão de uma minoria de exploradores, a causa não está em sua natureza própria, mas na falta de unidade das classes laboriosas etc... ".

Em suma, evitemos confundir o Estado, "organização da sociedade dotada do poder executivo", com os exploradores que o monopolizaram. Uma vez eliminados estes, e substituídos pelos representantes da "maioria da população", só teremos a tratar com uma sadia organização democrática... Mas recoloca-se a mesma questão quem se encarregará desta organização? Mais concretamente, como ela se efetuará? E, acima de tudo, será o poder estatal um *instrumento tão neutro* que baste confiá-lo a novos mandatários para torná-lo *democrático*? O mais benigno dos resultados prováveis não se a uma *tecnocracia*, dirigida por uma nova elite, se não por uma "nova classe"?

Na verdade, se caracterizamos a democracia pela existência de um controle efetivo mínimo dos governados sobre o poder, é duvidoso que, na prática, o socialismo se concilie perfeitamente com um regime democrático. Na melhor das hipóteses, a burocracia por ele desenvolvida casará mal com um controle permanente das "bases" (como se diz). Afirmando isto, a última das minhas intenções seria retomar o velho discurso liberal e lançar o anátema sobre o socialismo. Limito-me a assinalar, seguindo Schumpeter (esse grande economista que considerava o socialismo como sendo, ao mesmo tempo, inevitável e conciliável com a democracia), que *socialismo* e *democracia* não apenas não são forçosamente ligados, mas são também conceitos estranhos um ao outro: um diz respeito à organização da produção e da repartição dos *recursos*, o outro refere-se a um certo modo de organizar o *poder*. Por conseguinte, não há dúvida de que estes dois conceitos não se excluem em princípio, mas também não se implicam reciprocamente.

Parece-nos que, na verdade, o marxismo não escapa à ilusão do século XIX, tão bem formulada pelo liberal Herbert Spencer: "Na forma de sociedade para a qual progredimos, o governo será reduzido ao mínimo, e a liberdade individual elevada ao grau mais alto...". Na *Miséria da Filosofia*, Marx prevê "uma nova ordem, em que não haverá mais classes nem conflitos de classes, em que as evoluções sociais deixarão de ser revoluções políticas", E também escreve: "A queda da antiga sociedade dará lugar à dominação de uma' nova classe, que encontraria o seu apogeu numa nova autoridade política? *Não.*" Que o leitor julgue o valor dessa profecia., , Mas não esqueçamos que Marx só se interessava pela política (e muito, não há dúvida: sabe-se como lhe parecia essencial a formação de um *partido* do proletariado) tendo em vista a revolução que terminaria suprimindo o poder político. A conquista deste pelo proletariado deveria culminar na abolição das classes, *portanto* na abolição do Estado político, o qual é somente a expressão de uma dominação de classe.

Quando, ainda em 1920, Bukharin, brilhante teórico bolchevista e filho dileto de Lênin, pinta um quadro idílico da sociedade comunista em gestação, garante que todos os homens trabalharão conformando-se "espontaneamente" às diretrizes "dos departamentos de contabilidade e dos escritórios de estatística", "assim como os músicos numa orquestra se regem pela batuta do maestro", e sem que sejam necessários "ministros, prisões, leis, decretos" (sic). *Os indivíduos então não terão mais que dirigir outros*: terão apenas que conduzir as locomotivas, as ferramentas, as máquinas ... " (*ABC do Comunismo*). Fim dos dominadores e dos dominados, fim do poder de um homem sobre outro homem. Reconhece-se, aqui, a quimera com que se embriagou o século XIX. O "sonho dos fracos", como teria dito Nietzsche.

Recusar a irredutível necessidade de uma ordem política enquanto tal, negar, em especial, que as *relações de poder* sejam condição de funcionamento de qualquer cidade moderna, é sem dúvida a mais generosa das tentações, mas também uma das mais perigosas. Tentação compreensível, pois temos certamente todas as desculpas para assimilar *poder* a *extorsão**. Nasce daí a ideia de

---

* No original, "*exaction*", que designa a cobrança, excessiva ou extorsiva, de impostos ou taxas que *não* são devidos. Convém notar que a palavra portuguesa *exação*, embora tenha a mesma origem latina, indica a cobrança rigorosa e exata de dívidas ou impostos. (N. dos T.).

extirpar, de vez por todas, o poder político. Ideia radical, que foi revigorada nos dias de hoje: o espetáculo dos totalitarismos tem de tudo para fazer-nos inimigos de qualquer poder, isto é, *libertários*. No século XIX, esta ideia se impunha por uma razão diferente: a preponderância, evidenciada, do econômico, inclinava os espíritos a considerar a instância do poder político como arcaica e supérflua.

Contudo, é fato que uma doutrina antiestatal gerou um estatismo reforçado. Tratar-se-á apenas de um *desvio*, com relação ao espírito desta doutrina? Consolaria crê-lo. Mas outra hipótese é possível: a saber, que a negação *precipitada* da *necessidade do poder político* levou Marx a identificá-lo com o *controle sobre os meios de produção*. Tese sedutora: dela decorre que a subversão das relações de produção deverá bastar – a médio prazo – para varrer a figura de dominação que só servia para manter um regime *bem determinado* de exploração e açambarcamento.

Mas pode-se identificar, sem mais, o controle sobre os meios de produção com o poder político? Esta é a questão ... Determina-se adequada e exaustivamente a natureza do "Estado burguês", quando este é reduzido a mero servidor dos interesses capitalistas (supondo-se, aliás, que estes últimos sejam sempre mais ou menos convergentes...)? É inegável que em certos países (especialmente nos Estados Unidos) ocorre uma osmose entre o pessoal político e os capitalistas, ou os dirigentes das grandes empresas. É verdade que um destes últimos (Forrestal) passou à posteridade, proclamando, nos anos 1950, que "o que é bom para a *General Motors* é bom para os Estados Unidos". Contudo, o entrelaçamento dos interesses econômicos e do poder nos regimes burgueses ainda não permite afirmar como dogma que o poder político seja apenas a sombra dos interesses dos proprietários.

Num livro publicado em 1960, e que já constitui um clássico – *Classes e Conflitos de Classes nas Sociedades Industriais* – o sociólogo alemão Ralf Dahrendorf empenhava-se em mostrar que não existe nenhuma lei universal vinculando poder econômico e poder político. O proverbial poder do dinheiro não nos autoriza a confundir a função de produção e aquisição dos bens com a que consiste em determinar a conduta dos homens. Por considerável que possa ser a interferência de propriedade e poder, será apressado identificá-los *de maneira absoluta*.

Sem dúvida, escreve Dahrendorf, "a posse da autoridade vem acompanhada, o mais das vezes, dentro de certos limites e salvo algumas exceções notáveis, de uma renda elevada e um alto prestígio, enquanto, inversamente, a não participação na autoridade conjuga-se com um prestígio e renda relativamente baixos" (trad. franc., p. 141). Será esta uma razão para *identificarmos, sem mais*, a relação entre governantes e governados com uma dominação de classe? O fato de que, nos regimes burgueses, os capitalistas tenham um peso nas decisões do poder e, muitas vezes, participem dele (diretamente ou por intermédio de homens de confiança) não significa que o poder seja um mecanismo montado exclusivamente para as necessidades da sua dominação. Importa distinguir, *em si*, "elites capitalistas" e "elites governamentais" – embora, repetimos, esta distinção pareça muito artificial em certos países e certas épocas. "As elites capitalistas ou gerenciais podem ser grupos extremamente poderosos na sociedade, podem até mesmo exercer um controle parcial sobre governos e assembleias; tudo isto apenas salienta a importância das elites governamentais. Todas as decisões são tomadas ora por elas, ora por seu intermédio... " (*ibidem*, p. 305).

Não faltam pesquisas empíricas para sugerir-nos, pelo menos, a verossimilhança dessa tese. Mas sem dúvida elas nunca convencerão aqueles que, por princípio, entendem cifrar economicamente toda realidade social e política. Para eles, renunciar à codificação econômica do poder seria o mesmo que rumar pouco a pouco, de recuo em recuo, até a derrocada. Com efeito, seria preciso abandonar a pretensão de definir as classes sociais segundo sua relação com os meios de produção; depois, desistir de sustentar que a existência das classes esteja ligada à da *propriedade privada*; renunciar, portanto, a vê-las como agrupamentos meramente econômicos; e, assim (sejamos coerentes), reconhecer, com Schumpeter, que o conceito de classe não tem nenhuma ligação com a propriedade privada, que na verdade o socialismo nada tem a ver com a existência ou inexistência de classes sociais, e que, depois de instaurado, poderia ocasionar lutas ... de novas classes. Fui adiante do meu assunto. Queria somente mostrar que o marxismo não poderia abandonar sua definição *redutora* do poder político sem aceitar que o seu edifício desabe. Nem o Concílio Vaticano II renunciou à divindade de Cristo.

* * *

É verdade que, convidando o leitor a questionar a validade da identificação, que já se tornou popular, do poder político com o poderio econômico, parecemos orientar-nos para uma interpretação *lenitiva* do poder político tal como ele existe. Criticando a concepção clássica do marxismo, abandonamos a ideia de um poder político que seria *essencialmente ilegítimo*. Parecemos retomar o canto das sereias (ou o latido dos "cães de guarda", como quiserem): "É verdade, o poder é coercitivo, mas olhem-no melhor: não é este o preço a pagar por sua utilidade? Pela unificação da comunidade, que ele garante de forma permanente? Por nossa segurança mínima, que ele mantém?". É mais ou menos o que dizia Hegel aos seus ouvintes, num belíssimo apêndice a um parágrafo da Filosofia do Direito: vocês, que tomam o Estado por um instrumento de opressão e não param de deplorar, em nome da liberdade do "pio indivíduo", os crimes cometidos pelo poder, sequer tomam consciência de que é ele o *elemento* fora do qual vocês não poderiam viver; nem sequer percebem que à noite podem passear nas ruas com toda a tranquilidade (duvido que os mais ortodoxos hegelianos do Rio ou de São Paulo retomassem hoje este último argumento). Em suma, ao recusarmos a concepção marxista do poder, não estaremos voltando a ser bem comportados hegelianos? Ou, ainda, fiéis de Talcott Parsons e de sua escola? Já vou avisando que não é nada disso – e é por isso que gostaria de evocar algumas das teses de Parsons.

* * *

Nada permite compreender melhor a filosofia política que sustenta a obra de Parsons, do que a polêmica que manteve com Wright Mills, depois que este publicou a *Elite do Poder*. Mills, segundo ele, não prestou atenção à função do poder, isto é, "obter dos membros da coletividade o cumprimento de obrigações legítimas, em nome de fins coletivos". Não viu que o poder político moderno se fundava, cada vez mais explicitamente, no *consensus omnium*, na confiança de todos, mais que na força. O poder – *normalmente*, pelo menos – não é um instrumento manipulado por elites guiadas por seus interesses, mas uma função de que se desincumbem profissionais, apoiados por seus mandatários. Foi, portanto, por compartilhar a visão conflituosa de Max Weber que Wright Mills acreditou-se capaz de definir o poder como "a possibilidade conferida a um grupo – os detentores do poder – para conseguir o que deseja, impedindo outro grupo – os excluídos do poder – de obter o que deseja". Segundo Parsons, esta definição toma por essencial o que é apenas secundário.

Em outras palavras, Parsons tende a dissolver o *poder* em relação de fato entre os que mandam e os que executam – na *autoridade*, entendida como a capacidade que certos indivíduos possuem, por seu papel ou função, de fixar obrigações ou exigir seu cumprimento (a autoridade do recebedor, ou de qualquer funcionário a quem chamamos "autoridade"). O *poder*, no sentido forte, seria apenas o recurso último, que intervém quando a autoridade é desacatada.

Já formulamos algumas reservas quanto à antropologia otimista pressuposta por essa tese. Não é nada evidente que os homens sejam espontaneamente levados a considerar o poder como o exercício de uma função à qual é razoável que obedeçam. Nem que eles se submetam a ele, acima de tudo, por saberem que o seu interesse profundo é colaborarem para alcançar objetivos impostos pelos "fins coletivos". De resto, como observa Pierre Birnbaum em sua análise do pensamento de Parsons (*La Fin du Politique*), acontece que o "bem comum" em prol do qual o poder trabalha depende, como confessa o próprio Parsons, do "sistema de valores instituídos na sociedade" – quer dizer que ele é "definido exclusivamente segundo os valores que legitimam o funcionamento atual do capitalismo"... Assim, por que estranhar, se muitos não reconhecem como *seu* este "bem comum"? Mesmo nos países democráticos desenvolvidos (com exceção dos Estados Unidos e da Alemanha), nunca temos mais que "sociedades consensuais" muito frágeis.

É possível, na verdade, considerar o "consenso" como a norma de funcionamento de uma comunidade política? E encarar como patológicas as sociedades cujo funcionamento se vê entravado pelas tensões sociais e ideológicas? São estas as questões que Dahrendorf dirige a Parsons – e, após exame, parece-lhe difícil conceder a este último que uma sociedade seja, essencialmente, uma estrutura estável e permanente de elementos bem integrados, e fundada "no consenso dos seus membros quanto aos valores". Assim como a melhor "constituição", cuja fórmula os pensadores gregos do século IV a.C. procuravam encontrar, também a "sociedade integrada" regida por um "poder" mínimo parece constituir, *na melhor das hipóteses*, apenas uma ideia reguladora. Quando Dahrendorf opõe este modelo ao "modelo coercitivo" ("o conflito social é onipresente (...) toda sociedade está fundada na coerção de uns membros seus sobre outros"), bem parece que esta segunda percepção do social seja um instrumento de análise mais fecundo.

* * *

Embora o modelo marxista negue a natureza original do poder político, vemos que se afasta menos dos dados observáveis que o modelo "integracionista": pelo menos reconhece que o papel coercitivo do Estado não é absolutamente secundário, e que o conflito social existe de direito – enquanto durar a propriedade privada dos meios de produção. Deixemos de lado esta última precisão (encorajadora, mas muito contestável). Resta que, desta maneira, o poder político não se encontra dissolvido num "reino da Lei", num funcionamento *racional* em si e normalmente *não coercitivo*; que ele não é mais percebido como o pacífico primeiro motor de uma sociedade na qual o ser-em-comum dos grupos e das classes não cria, *em si*, nenhuma dificuldade.

O modelo "coercitivo" leva-nos de volta à inegável fronteira entre os *detentores* e os *excluídos*, fronteira esta que é inseparável da relação de poder. O erro está, não resta dúvida, em pretender identificar *depressa demais* os detentores. Mas iria muito longe na denúncia de tal erro quem recusasse a equação *poder = coerção* e procurasse diluir o poder numa "autoridade" livre e racionalmente consentida por todos ou quase todos. O poder não é um caso extremo de exercício da autoridade: ao contrário, é a sua violência, quando em surdina, que torna possível uma *aparência* de autoridade cortês e benevolente. E isso, em qualquer sociedade que seja.

Mas, se assim for, o que pensar então do modelo de Hobbes? Se, concretamente, o poder sempre supõe a dominação do grande número por uma elite que confunde *inevitavelmente* – muitas vezes com toda a boa-fé – os seus objetivos próprio com o que ela chama de "bem comum", será difícil apresentá-lo como a *figura normal* da comunidade política em geral. Congregar-se numa cidade seria, fatalmente, tornar-se presa de dominadores egoístas, inteligentes ou não, porém sempre egoístas – seja qual for o discurso que eles empreguem (e pelo qual enganam-se a si mesmos). Somos tentados a recuar diante desta conclusão. Somos tentados (uma vez mais) a imaginar, a qualquer preço, um *além* para a comunidade cimentada pelo poder. Isto não será normal? Até as crianças exigem que as histórias que lhes contamos terminem bem, observava Hegel – bom entendedor em matéria de "happy ends".

Se o pensamento alemão posterior a Kant sentir saudades da Grécia e da "bela cidade ética", se Hegel se acreditou capaz de esperar *transpor* a "Cidade" harmoniosa para o solo da modernidade, foi, sem dúvida, por ser difícil (especialmente para os intelectuais) aceitar o Estado como ele é, e ter ao mesmo tempo coragem de encarar a potência que o movimenta: existem coisas cuja obscenidade é insuportável. Por isso, é preciso tentar escapar, a qualquer custo, deste paradoxo que Kant enunciava: "O homem é um ser que precisa de um chefe. Até os homens que acreditam dominar também precisam de tal chefe; e eles são pouco capazes de se valerem desta sua chefia, se finalmente é um homem quem deve ser o último chefe" (Reflexão nº 1398).

Ora, se este "último chefe" nunca pode deixar de ser um homem ou um grupo de homens, é preciso reconhecer não só que não há comunidade sem soberania, como também que não existe poder soberano sem uma elite que domine. É preciso conceder a Vilfredo Pareto que "a história das sociedades humanas é, em grande parte, a história da sucessão das aristocracias" (frase que não é nada "reacionária": a aristocracia pode perfeitamente ser uma burocracia socialista...). A questão, assim, será unicamente saber, em cada caso determinado, quais são os chefes menos piores que podemos esperar, ou por que tipo de chefia devemos militar.

Assim seriam ditas as coisas, por quem não se sentisse obrigado a ceder à tagarelice "ideológica". Um poder burguês teria a coragem de dizer: "Sim, nós favoreceremos os capitalistas; sim, seremos generosos com eles em matéria fiscal para não prejudicar os seus investimentos; mas, e daí? Vocês lucrarão com isso". Um poder socialista teria a coragem de dizer: "Não, nós não viemos trazer-lhes a liberdade de informação, nem o pluralismo partidário; não, vocês praticamente não terão voz no capítulo; mas, e daí? A sua segurança cotidiana estará garantida". Não é este, porém, o discurso dos poderes, nem sequer daqueles cujas elites possuem uma ideia mínima do que seja o bem comum. Até estes devem mentir – devem apresentar-se como "defensores da liberdade" ou como "vanguarda do proletariado".

Suponhamos, porém, este minuto de verdade. Suponhamos que os poderes larguem essa sua linguagem melíflua, e se apresentem de peito aberto, como vontades de potência não disfarçadas: *por que se envergonhar?* Os homens talvez se tornassem espíritos livres. Parariam de vituperar o "Poder" e se perguntariam quem é capaz, num dado momento, de exercê-lo com menor detrimento de todos aqueles que, por princípio, são excluídos dele. Não depositariam mais as suas esperanças, tolamente, no dia em que o poder não passasse de uma triste lembrança – mas agiriam para que os dominadores do futuro estivessem mais perto do Soberano hobbesiano do que do tirano. O poder não seria mais um escândalo ideológico, porém, única e francamente, uma questão política.

Mas como esta rude franqueza poderá ser possível num mundo que foi, e continua a ser, educado pelo racionalismo grego e pelo cristianismo?

INDICAÇÕES PARA LEITURA

Os clássicos da questão. Em primeiro lugar, o *Leviatã* de Thomas Hobbes. Mais o pequeno livro de Leo Strauss: *The Political Philosophy of Thomas Hobbes, its Basis and Genesis* (University of Chicago Press, 1952). De Jean-Jacques Rousseau: *O Contrato Social*. De Kant, *A Doutrina do Direito*; de Hegel, os *Princípios da Filosofia do Direito* (uma boa introdução pode ser *Hegel et l'État*, de Eric Weil). Uma excelente formulação da problemática política clássica pode encontrar-se em *Natural Right and History*, de Leo Strauss (University of Chicago Press) e, de outro ponto de vista, em *Teoria e Prática*, de Jürgen Habermas (existe tradução francesa). De Tocqueville, deve-se ler a excelente seleção apresentada na coleção "Os Pensadores". Finalmente, uma boa iniciação acerca das relações e rupturas entre os pensamentos políticos antigo e moderno está no livro de Hannah Arendt, *Entre o Passado e o Futuro* (editora Perspectiva).

Sobre a essência da política, o leitor poderá consultar: *Qu'est-ce que la Politique?*, de Julien Freund; os *Études Politiques*, de Raymond Aron; *A Grammar of Politics*, de Harold Laski (1934). Para abordar-se a obra (imensa e "técnica") de Max Weber, pode-se recomendar *O Cientista e o Político*, e os ensaios publicados em francês por Julien Freund sob o título de *Essais sur la Théorie de la Science* (Plon).

Sobre o nascimento e a extensão do poder político, são preciosos dois livros do economista e politólogo francês Bertrand de Jouvenel: *Du Pouvoir* e *Les Débuts de l'État Moderne*. Para um ponto de vista marxista, veja-se Antonio Gramsci, *Notas sobre Maquiavel, a Política e o Estado Moderno*. Um bom estudo histórico é o de Perry Anderson, *Lineages of the Absolutist State* (Londres, 1976).

Sobre o liberalismo clássico, leia-se o *Segundo Tratado do Governo Civil*, de Locke. Uma boa antologia comentada é a de Pierre François Moreau, *Les Racines du Libéralisme* (Seuil).

Sobre as doutrinas norte-americanas a que nos referimos: Wright Mills, *A Elite do Poder*; Talcott Parsons,

The Social System (Free Press, 1951) e "On the concept of political power", *in Politics and Social Structure* (1969). O livro de Pierre Birnbaum, *La Fin du Politique* (Seuil), traz uma boa apresentação e discussão do problema. Finalmente, é essencial o livro de Ralf Dahrendorf: *Class and Class Conflict in Industrial Society.*

De Michel Foucault, pode-se consultar *Vigiar e Punir* (Vozes, 1977) e a *Vontade de Saber* (primeiro volume da *História da Sexualidade*, Graal, 1977).

SOBRE O AUTOR

Gerárd Lebrun nasceu em Paris em 1930. Professor do Departamento de Filosofia da USP desde sua chegada ao Brasil na década de 1950, lecionou também no programa de pós-graduação em Lógica e Filosofia da Ciência da Unicamp. Publicou *Kant et la Fin de la Metaphisyque* (Armand Colin, 1970), *La Patience du Concept* (Gallimard, 1972), *Passeios ao léu* (Brasiliense, 1983), *Pascal* (Brasiliense, Coleção Encanto Radical, 1983) e *O avesso da dialética* (Companhia da Letras, 1988). Faleceu em 1999.

Coleção Primeiros Passos
Uma Enciclopédia Crítica

ABORTO
AÇÃO CULTURAL
ADMINISTRAÇÃO
AGRICULTURA SUSTENTÁVEL
ALCOOLISMO
ANARQUISMO
ANGÚSTIA
APARTAÇÃO
APOCALIPSE
ARQUITETURA
ARTE
ASSENTAMENTOS RURAIS
ASTROLOGIA
ASTRONOMIA
BELEZA
BIOÉTICA
BRINQUEDO
BUDISMO
CANDOMBLÉ
CAPITAL
CAPITAL FICTÍCIO
CAPITAL INTERNACIONAL
CAPITALISMO
CÉLULA-TRONCO
CIDADANIA
CIDADE
CINEMA
COMPUTADOR
COMUNICAÇÃO
COMUNICAÇÃO EMPRESARIAL
CONTO
CONTRACULTURA
COOPERATIVISMO
CORPOLATRIA
CRISTIANISMO
CULTURA
CULTURA POPULAR
DARWINISMO
DEFESA DO CONSUMIDOR
DEFICIÊNCIA
DEMOCRACIA
DEPRESSÃO
DESIGN
DIALÉTICA
DIREITO
DIREITOS DA PESSOA
DIREITOS HUMANOS
DIREITOS HUMANOS DA MULHER
DRAMATURGIA
ECOLOGIA
EDUCAÇÃO
EDUCAÇÃO AMBIENTAL
EDUCAÇÃO FÍSICA
EDUCAÇÃO INCLUSIVA
EDUCAÇÃO POPULAR
EDUCACIONISMO
ENFERMAGEM
ENOLOGIA
ESCOLHA PROFISSIONAL

Coleção Primeiros Passos
Uma Enciclopédia Crítica

ESPORTE
ESTATÍSTICA
ÉTICA
ÉTICA EM PESQUISA
ETNOCENTRISMO
EVOLUÇÃO DO DIREITO
EXISTENCIALISMO
FAMÍLIA
FEMINISMO
FILOSOFIA
FILOSOFIA CONTEMPORÂNEA
FILOSOFIA MEDIEVAL
FÍSICA
FMI
FOLCLORE
FOME
FOTOGRAFIA
GASTRONOMIA
GEOGRAFIA
GOLPE DE ESTADO
GRAFFITI
GRAFOLOGIA
HIERÓGLIFOS
HIPERMÍDIA
HISTÓRIA
HISTÓRIA DA CIÊNCIA
HOMEOPATIA
IDEOLOGIA
IMAGINÁRIO
IMPERIALISMO
INDÚSTRIA CULTURAL
ISLAMISMO
JAZZ
JORNALISMO
JORNALISMO SINDICAL
JUDAÍSMO
LAZER
LEITURA
LESBIANISMO
LIBERDADE
LINGUÍSTICA
LITERATURA DE CORDEL
LITERATURA INFANTIL
LITERATURA POPULAR
LOUCURA
MAIS-VALIA
MARXISMO
MEDIAÇÃO DE CONFLITOS
MEIO AMBIENTE
MENOR
MÉTODO PAULO FREIRE
MITO
MORAL
MORTE
MÚSICA
MÚSICA SERTANEJA
NATUREZA
NAZISMO
NEGRITUDE
NEUROSE
NORDESTE BRASILEIRO
OLIMPISMO
PANTANAL

Coleção Primeiros Passos
Uma Enciclopédia Crítica

PARTICIPAÇÃO
PARTICIPAÇÃO POLÍTICA
PATRIMÔNIO CULTURAL
  IMATERIAL
PATRIMÔNIO HISTÓRICO
PEDAGOGIA
PESSOAS
DEFICIENTES
PODER
PODER LOCAL
POLÍTICA
POLÍTICA SOCIAL
POLUIÇÃO
QUÍMICA
PÓS-MODERNO
POSITIVISMO
PRAGMATISMO
PSICOLOGIA
PSICOLOGIA SOCIAL
PSICOTERAPIA DE FAMÍLIA
PSIQUIATRIA FORENSE
PUNK
QUESTÃO AGRÁRIA
QUÍMICA
RACISMO
REALIDADE
RECURSOS HUMANOS
RELAÇÕES
  INTERNACIONAIS
REVOLUÇÃO
ROBÓTICA
SAUDADE
SEMIÓTICA
SERVIÇO SOCIAL
SOCIOLOGIA
SUBDESENVOLVIMENTO
TARÔ
TAYLORISMO
TEATRO
TECNOLOGIA
TEOLOGIA
TEOLOGIA FEMINISTA
TEORIA
TOXICOMANIA
TRABALHO
TRABALHO INFANTIL
TRADUÇÃO
TRANSEXUALIDADE
TROTSKISMO
TURISMO
UNIVERSIDADE
URBANISMO
VELHICE
VEREADOR
VIOLÊNCIA
VIOLÊNCIA CONTRA A
  MULHER
VIOLÊNCIA URBANA
XADREZ